同一労働同一賃金の法律と実務 第3版

Q&Aでわかる均等・均衡待遇の具体例

編著

弁護士 服部 弘
社会保険労務士 佐藤 純

著

弁護士 鵜飼一頼
弁護士 大原武彦
弁護士 島田佳子
特定社会保険労務士 小島史明
特定社会保険労務士 山口寛志
特定社会保険労務士 佐野吉昭
社会保険労務士 一丸綾子

中央経済社

第３版　はじめに

働き方改革法のうち，正規労働者と非正規労働者の間の不合理な待遇格差是正を目指したパートタイム・有期雇用労働法の施行は，大企業については，2020年４月１日から，改正労働者派遣法の施行もまた，同日からなされました。そして，中小企業についても，パートタイム・有期雇用労働法は2021年４月１日から施行されました。

さらに，2020年10月13日には，正規・非正規労働者間の退職金支給の格差，賞与の格差の不合理性の有無について判断を下したメトロコマース事件，大阪医科薬科大学事件の最高裁判決が，同月15日には正規・非正規労働者間の諸手当の格差の不合理性の有無について判断を下した日本郵政（東京，大阪，佐賀）３事件の最高裁判決が下され，改訂第２版の改訂の段階では最高裁判決の判断を踏まえての結論を出すことができていなかった諸点について，最高裁判所の判断が示されました。

今般，お陰様で第２版について更に改訂をする機会が得られ，第３版の刊行を迎えることができました。この第３版においては，上記最高裁判所での５判決を紹介させていただくとともに，同判決を踏まえた上で，執筆者らのところに寄せられていた読者の皆様の関心が高かった事項を中心に内容を組み替え，改訂を致しました。

第１版，第２版，そして，今回の改訂版も含め，中央経済社の和田豊氏に大変お世話になりました。心より感謝申し上げます。

新しいパートタイム・有期雇用労働法，改正された労働者派遣法について，本書が読者の皆様のご理解の一助になれば幸いです。

2021年８月

著　者　一　同

第２版　はじめに

働き方改革法のうち，正規労働者と非正規労働者の間の不合理な待遇格差是正を目指した新パートタイム・有期雇用労働法の施行は，大企業については，2020年４月１日から，改正労働者派遣法の施行もまた，同日からなされます。

本書第１版は，丁度，この施行日の１年前である2019年４月１日に刊行されました。施行を１年後に控え，この頃より，多くの企業では同法に即した正規・非正規労働者の不合理な待遇格差解消に向けた体制を構築するべく，具体的な検討がなされ，現に，著者のもとへも具体的実務対応についての質問・相談が多く寄せられておりました。さらに，本書第１版刊行後，ガイドライン，ハマキョウレックス・長澤運輸事件最高裁判決においても判断が示されていなかった分野においても，多くの高等裁判所レベルでの判決が下されました。

お陰様で，本書第１版は何回か増刷を重ねることができ，今般，改訂第２版刊行の機会を得ることができました。この第２版においては，新パートタイム・有期雇用労働法等の施行を控え，著者のもとへ寄せられていた質問・相談の中で多かった，具体的な実務対応の仕方について，そして，第１版刊行後に同一労働・同一賃金をめぐって判断が示されたいくつかの高等裁判所の判決例を踏まえた「Ｑ＆Ａ」を追加する等読者諸兄の要望に応えられるような改訂をいたしました。

第１版，今回の改訂版も含め，中央経済社の和田豊氏に大変お世話になりました。心より感謝申し上げます。

新パートタイム・有期雇用労働法，改正労働者派遣法の施行に際し，本書がこれら法律の理解の一助になれば幸いです。

2020年３月

著　者　一　同

はじめに

私たち本書の執筆者である弁護士４名と社会保険労務士５名は，それぞれの実務での経験を踏まえて意見を交換しながら労働法の知識を深め合う労働法の研究会を２年間にわたり行ってきました。

そのような中，平成30年６月29日に，正規労働者と非正規労働者の不合理な待遇差解消をめざす，「同一労働同一賃金」もその柱の１つとした働き方改革法が成立しました。そしてこれも法改正と時期を同じくして，正規労働者と非正規労働者の待遇格差が争点となったハマキョウレックス・長澤運輸事件についての最高裁判所判決が平成30年６月１日に出されました。正規労働者と非正規労働者の不合理な格差是正をめぐっては，その改正法施行と同時に行政からガイドラインが提示されることとなっていますが，これについてはすでに平成28年12月20日にはガイドライン案が公表され，その後，平成30年12月28日に厚生労働省告示第430号として「短時間・有期雇用労働者及び派遣労働者に対する不合理な待遇の禁止等に関する指針」（以下「ガイドライン」といいます）が公示されました。

ハマキョウレックス・長澤運輸事件最高裁判決，同一労働同一賃金をめぐっての改正法の成立，ガイドラインの公表と，正規労働者と非正規労働者の不合理な待遇格差解消をめざした立法及びその法律解釈の基礎は出来上がりましたが，なお，上記最高裁判決，ガイドラインでも言及されていない部分があること，またそれにも増して働き方改革の中での１つの標語として使われてきた「同一労働同一賃金」という言葉ばかりが独り歩きして，今回の法改正の内容が一体どういうものなのかということが，世上，理解されていないこともあり，働き方改革法の成立前後から，クライアントから数多くの質問が私たちに寄せられるようになっていました。私たち執筆者のメンバーは，こういった質問に答えるべく，議論を重ねてまいりましたが，このほど，その議論の結果をQ＆

Ａの形で，そしてその議論の前提となる同一労働同一賃金についてのパートタイム・有期雇用労働法等の解説・上記最高裁判決の解説を法律編という形で，中央経済社の賛同を得て出版物として出すことになりました。

「同一労働同一賃金」との掛け声の下，正規労働者と非正規労働者の不合理な待遇格差解消をめざしてパートタイム・有期雇用労働法の改正がなされましたが，読者の方々の関心は，ガイドラインに言及されていない待遇格差についてどう対応したらよいかという，まさに直截的に結論を知りたいというものから，最高裁判決を踏まえたパートタイム・有期雇用労働法の体系的な解説書が出ていない中，同法の解釈を一から知りたいというものまで千差万別と思われます。

本書では，通例の法律解釈文献とは異なり，最初に今回の法改正の概要を示し，その後に「Ｑ＆Ａ」編を設け，最後に「法律解説」編を設けるという構成をとっています。このようにした理由は次のとおりです。すなわち，「同一労働同一賃金」との掛け声の中で，実際は法律では正規労働者と非正規労働者の待遇の均等・均衡をもって「同一労働同一賃金」であるとしているのですが，この間にはややギャップがあり，「均等・均衡」待遇とは一体どういうことなのかはなかなかわかりづらい点もあろうかと思います。しかし，幸いにしてパートタイム・有期雇用労働法の施行に当たっては，通常の法律の場合とは異なりかなり詳しい解釈のガイドラインが示されており，関係する最高裁判決も出されていて，この中で「均等・均衡」待遇の実際が言及されています。

そこでまず，ガイドライン・最高裁判例等に基づき，正規労働者と非正規労働者の均等・均衡待遇の実例を紹介した「Ｑ＆Ａ」編を読んでいただき，「均等・均衡」待遇，そしてこの法律でいう「同一労働同一賃金」とはどういうことなのかのイメージをつかんでいただき，その上で法律解説編を読んでいただくと法律の理解が深まるのではないかと考えて，このような章立てにしてみました。さらにＱ＆Ａ編のいくつかを読んで，「均等・均衡」「同一労働同一賃金」のイメージがつかめたら，いったん，法律解説編を読んでいただき，またＱ＆Ａ編に戻って読んでいただくといった使い方もあろうかと思います。

どのような使い方であれ，本書がパートタイム・有期雇用労働法等の同一労働同一賃金についての法律改正の理解の一助になってもらえれば幸いです。

2019年１月

著　者　一　同

目　次

第1部　概　論

第2部　Q＆A編

第3部　法律解説編

第6章 その後の改正前労契法第20条に関連する5つの最高裁判決（大阪医科薬科大学（旧大阪医科大学）事件最高裁判決，メトロコマース事件最高裁判決，日本郵便事件最高裁判決（東京，大阪，佐賀）） ―― 243

第 1 部

概　論

I 同一労働同一賃金の目指すもの

パートタイム・有期雇用労働法，労働契約法，労働者派遣法の改正を含む働き方改革関連法が改正されました。日本人の働き方には，いろいろなタイプがあります。正社員，期間を定めて働く契約社員，短時間だけ働くパートタイマー，そして派遣社員等。このように様々な雇用形態がありますが，本人の事情に応じた働き方を選ぶことができ，雇用形態にかかわらず公正な待遇が得られるように法律が改められました。なお第1部では，契約社員とパートタイマー，派遣社員を総称して「非正規社員」と呼ぶことにします。

働き方改革関連法の主な内容は，「長時間労働の是正」，「多様で自由な働き方の実現等」そして「雇用形態にかかわらない公正な待遇の確保」です。この中で一般に「同一労働同一賃金」と呼ばれているものが「雇用形態にかかわらない公正な待遇の確保」に該当します。

「同一労働同一賃金」という言葉から，皆さんはどのようなことを想像されるでしょうか。同じ労働をしているならば同じ賃金を支払うべきと解釈している方が多いと思います。この法律が目指すものは，そのような意味の「同一労働同一賃金」ではなく，その基礎にある「均等・均衡待遇の理念」という考え方にあります。つまり「差別的取扱い及び不合理な待遇の禁止」が法律の目指すものです。そして賃金に関することはもちろん，賃金以外の福利厚生や教育等も射程に入れた法律のルールとして制度化されました。

「差別的取扱い及び不合理な待遇の禁止」。このようにとらえると，改正法の目指す姿が具体的に見えてくると思います。実際の人事労務に関しては様々な処遇がありますが，正社員と非正規社員の処遇の同一性や相違が不合理であるかどうかが問われていくことになります。

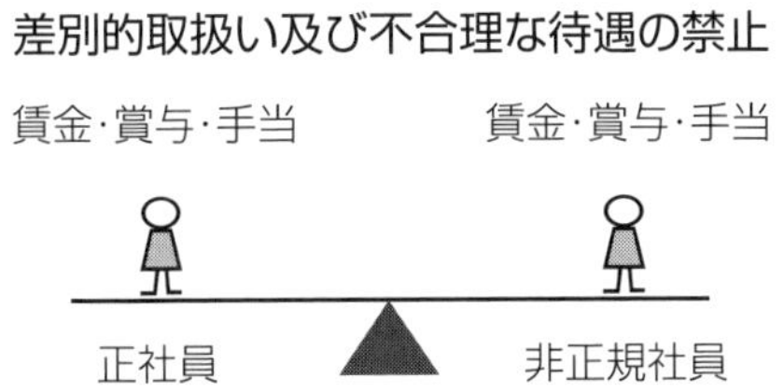

差別的取扱い及び不合理な待遇の禁止

賃金･賞与･手当	賃金･賞与･手当
正社員	非正規社員

ここでの注意点は，法律が比較対象とするのは正社員同士ではないことです。正社員と非正規社員との間において，「差別的取扱い及び不合理な待遇の禁止」が問われることになります。両者の間において，違いがあるのであれば違いに応じた賃金を支払い，同じであれば同じ賃金を支払わなければなりません。

Ⅱ　非正規社員の平均年収は179万円（2019年当時）

主婦が家計補助のために短時間だけ働く例が，かつては非正規社員の多くを占めていました。しかし，正社員の採用に外れた若年者や，生計の担い手でありながら企業のリストラにあった壮年者が，契約社員や派遣社員として働く例が増えています。また正社員数を絞り込んで非正規社員を主な労働力として積極的に採用する企業が増えています。総務省「労働力調査」によると，非正規社員は2019（令和元）年で全労働人口の37.7%です。

その中には正社員として働きたいが，不本意ながら非正規社員にならざるを得ない人がいます。このような方を不本意就労者といいますが，かなりの数になったといわれています。また女性の場合，子育てのために初めから正社員になることをあきらめている方もいますが，不本意就労者にはカウントされていません。このような潜在的な人も含めると，実質的な不本意就労者が過去と比べて増加しているという新たな課題が発生しています。

また，注目しなければならないのが，非正規社員の賃金水準です。国税庁の「平成30年分民間給与実態統計調査結果」（2019年発表）によると，正社員の平均年収は503.5万円であるのに対して，非正規社員の平均年収は179.0万円でした。この中には不本意就労者も含まれています。

1年を通じて勤務した給与所得者の1人当たりの平均給与

単位［千円］

	正規社員	非正規社員
男	5,599	2,360
女	3,860	1,541
計	5,035	1,790

出典：国税庁 「平成30年分民間給与実態統計調査結果」

経済を動かすものは政府，企業，国民の３つであるという考え方があり，国民は買い物をして消費をします。その消費行動の源泉は賃金です。ところが，非正規社員の平均年収が179万円という水準では全体の消費が伸びず，日本経済の活性化を困難にさせていると考えられています。所得の格差によって経済の成長が抑制されるという経済の法則がありますが，その現象も起きているといわれています。

現状のままでは日本経済の復活は難しいと考えられていることから，非正規社員の賃金水準を引き上げて，国民全体の消費を押し上げて，次の経済の成長につなげていこうとする経済政策が，働き方改革関連法の根底にあると思われます。

Ⅲ 均衡と均等について

1．２つのキーワード

前述した「Ⅰ　同一労働同一賃金の目指すもの」の末尾で，「差別的取扱い及び不合理な処遇格差の禁止」が問われると述べ，賃金の支払われ方について

2つのケースを説明しました。

その1つである「違いがあるのであれば違いに応じた賃金を支払わなければならない」ことを，「均衡待遇」といいます。また「同じであれば同じ賃金を支払わなければならない」ことを，「均等待遇」といいます。この「均衡待遇」と「均等待遇」は，「同一労働同一賃金」を理解する上で重要なキーワードですので説明しましょう。

均衡待遇	違いがあれば違いに応じた賃金を支払う
均等待遇	同じであれば同じ賃金を支払う

2．均衡待遇

均衡待遇とは，正社員と非正規社員の間において，職務の内容等に違いがあれば違いに応じた賃金等を支払うことをいいます。つまり，バランスのとれた処遇をすることです。

例えば，ある企業ではキャリアコースを設けていて，様々な職業経験を通して知識や技術を習得できるようにしており，正社員はそのコースを選択し，いくつかの職業経験を積んでいたとします。一方，非正規社員はそのような様々な職業経験を積んでいない例を考えます。

その結果，正社員は高度で幅の広い専門性を身につけ，非正規社員は身につけた専門性が限られ，そのレベルも正社員より低かったとします。

このようなケースにおいて，基本給が能力又は経験をもとに決められる仕組みが採用されている場合，非正規社員よりも正社員に高い基本給を支給するのは，均衡がとれた待遇と判断されます。

今回の改正法では，このように違いに応じた待遇の不合理性の有無を問うものが多く，同一性を求めるものだけではないことに注意する必要があります。

3．均等待遇

均等待遇とは，非正規社員であることを理由として，賃金，賞与その他の待遇のそれぞれについて，差別的な扱いをしないことをいいます。

例えば，正社員の店長と非正規社員の店長がいたとします。2人の仕事の内容や店長としての責任は同じであり，勤務時間も人事異動等も同じであったとします。このように条件が同じでありながら，正社員には10万円の店長手当を支給し，非正規社員には非正規であることを理由に5万円の店長手当を支給するのは，均等待遇に反することになります。この場合，正社員と同じ10万円の店長手当を支払わなければなりません。

Ⅳ　改正による統合

「均等・均衡待遇」に関する法律は新たに制定されたものではなく，すでに労働契約法とパートタイム労働法に定められています。

上述した均衡待遇に関しては改正前パートタイム労働法8条と労働契約法20条に，均等待遇に関しては改正前パートタイム労働法9条に定められています。

改正前パートタイム労働法9条の対象者は「正社員と同視すべきパートタイマー」であり，雇用期間に定めのある契約社員は含まれませんでした。また，改正前パートタイム労働法8条の対象者はパートタイマーであり，改正前労働契約法20条は雇用期間の定めのある契約社員が対象であり，同様の規定でありながら両者は区分されていました。

これを改めて均衡待遇に関してはパートタイマーと有期契約社員の両方を対象とし，改正前労働契約法20条は削除して，パートタイム・有期雇用労働法8条に統合されました。また均等待遇に関しては同様にパートタイマーと有期雇用社員の両方を対象とし，パートタイム・有期雇用労働法9条として定められました。

以上を整理すると，正式な名称は「短時間労働者及び有期雇用労働者の雇用管理の改善に関する法律」ですが，通称「パートタイム・有期雇用労働法」と呼ばれることになり，パートタイマーと有期契約社員の双方を対象とし，均衡待遇は第８条に，均等待遇は第９条に定められました。

<table>
<tr><td>パートタイム労働法８条</td><td rowspan="2">パートタイム・有期雇用労働法８条</td><td rowspan="2">均衡待遇規定</td></tr>
<tr><td>労働契約法20条</td></tr>
<tr><td>パートタイム労働法９条</td><td>パートタイム・有期雇用労働法９条</td><td>均等待遇規定</td></tr>
</table>

Ⅴ　改正のポイント

1．概　要

均衡待遇に関する改正のポイントを端的に表現すると，次のようになります。

『同一企業内において，正社員と非正規社員との間で，基本給や賞与などの個々の待遇ごとに，不合理な待遇差を設けることが禁止されます。』（厚生労働省ホームページより）

2．同一事業主内

場所的な範囲に関しては，事業所単位ではなく，事業主単位になりました。したがって同一企業であれば，全事業所の正社員とパートタイム・有期契約社員を含めた判断となります。

3．個々の待遇ごとの判断

待遇とは基本給や賞与だけではなく，諸手当，教育訓練，福利厚生，休日，休暇など，すべての待遇を含むものです。その待遇を総合的に判断するのではなく，個々にとらえて判断されます。例えば手当が正社員には支給され，パートタイム・有期契約社員に支給されていない場合，その手当の趣旨を考慮して，支給の相違に不合理性が認められるかどうかが判断されます。このような手当が複数ある場合，その手当ごとに判断されるわけです。

4．ガイドラインの策定

不合理な待遇差を設けることが禁止されますが，人事労務の担当者がそれを判断するのは難題です。そこでどのような待遇差が不合理に当たり，どのような待遇差が不合理ではないかに関する具体的な事例を示したガイドラインが2018（平成30）年12月に公表されました。そこには「基本的な考え方」，そして「問題となる例」と「問題とならない例」が記載されています。このガイドラインに示された内容は，均等や均衡の判断の助けになると考えられます。

次の項目が記載されています。

① 基本給に関する考え方と事例
　能力給，業績・成果給，勤続給，昇給

② 手当
　賞与，役職手当，特殊作業手当，特殊勤務手当，精皆勤手当，時間外労働手当，深夜・休日労働手当，通勤手当，出張旅費，食事手当，単身赴任手当，地域手当

③ 福利厚生
　福利厚生施設，転勤者用社宅，慶弔休暇等，病気休暇，法定外年休・休暇

④ その他
　教育訓練，安全管理

⑤ 派遣労働者

Ⅵ　均衡待遇と均等待遇の規定

前述した「Ⅲ　均衡と均等について」の節で，「違いがあるのであれば違いに応じた賃金を支払い，同じであれば同じ賃金を支払わなければなりません」と述べました。その判断をするときに，どのような判断基準で行うのかが重要ですので，それについて説明します。

1．均衡待遇の規定（パートタイム・有期雇用労働法第８条）

均衡待遇を判断する際に次の３つの要素を考慮した上で，正社員とパートタイム・有期契約社員の間において不合理な待遇差があるかどうかが判断され，不合理であればその待遇差が禁止されます。

①　職務の内容

②　その職務の内容や配置の変更の範囲

③　その他の事情

職務の内容とは，業務の内容とその責任の程度を合わせたもので，それぞれの社員の中核的な業務にどのような違いがあるかをみると同時に，責任の程度の違いもみます。さらにその職務内容が，配転や人事異動や昇進によってどの程度変わるのか，その範囲の違いも判断対象となります。

2．均等待遇の規定（パートタイム・有期雇用労働法第９条）

均等待遇を判断する際，次の２つの要素を考慮した上で，同じであれば差別的取扱いが禁止されます。

①　職務の内容

②　その職務の内容や配置の変更の範囲

職務の内容は均衡待遇と同様に，均等待遇の判断材料にもなります。またパートタイム・有期契約社員の雇用期間が終了するまでの全期間において，その職務の内容や配転や人事異動，そして昇進等による変更の範囲が同じであるかどうかも判断されます。

Ⅶ 派遣社員に関する均衡待遇と均等待遇

派遣社員に関しても，均衡待遇と均等待遇の原則は適用され，次のいずれかの確保が義務付けられます。

① 派遣先の社員と派遣社員との間において，均等待遇又は均衡待遇が確保されていること

② 同種業務の一般の労働者の平均賃金と同等以上の賃金であること等，一定の要件を満たす労使協定による待遇であること

なお，派遣元が上記①に対応するためには，派遣先社員の賃金等の情報が必要です。そこで派遣先の事業主に対し，派遣先社員の賃金等の待遇に関する情報を派遣元へ提供する義務が設けられています。

Ⅷ 待遇に関する説明義務（パートタイム・有期雇用労働法第14条）

改正に伴って待遇に関する説明の義務が強化されました。パートタイム・有期契約社員が，正社員との待遇差の内容や理由など，自分の待遇について事業主に説明を求めることができるようになり，事業主には次の説明義務が発生します。

① 雇入れ時における賃金や福利厚生，教育訓練などの待遇内容についての説明

②　求めがあった場合，待遇決定に際して考慮した事項についての説明
③　求めがあった場合，待遇差の内容や理由に関する事項についての説明

なお待遇差について説明を求めたことを理由として，解雇その他不利益な取扱いは禁止されます。

Ⅸ 施行期日

パートタイム・有期雇用労働法の施行期日は，企業規模によって異なります。中小企業基本法に基づく中小企業と大企業は次のようになっています。また労働者派遣法の施行期日は次のとおりです。

①　大企業……………2020年４月１日
②　中小企業…………2021年４月１日
③　労働者派遣法……2020年４月１日

正社員とパートタイム・有期契約社員の間における賃金等の相違によるトラブルが表面化することが予想されます。また行政による関与の強化も考えられます。これに対応するために就業規則や賃金規程，人事制度等の見直しが必要となります。

Ⅹ 用語について

第２部では，Q&A形式による同一労働同一賃金のガイドラインをもとにした解説をします。理解しやすいように，専門用語は，次のように整理をして使用しています。

Q&Aで用いる用語	対象
パートタイマー	●正社員よりも所定労働時間が短く，雇用期間が有期契約の社員で，その社員を特定して表現する ●一般にパート社員，短時間労働者といわれている者
パートタイム・有期契約社員	●短時間労働者と，フルタイムで労働するが雇用期間が有期の社員の双方を，まとめて表現する場合 ●一般に，非正規労働者，パート・契約社員といわれている者
有期契約社員	●フルタイムの労働時間で，雇用期間が有期の社員で，その社員を特定して表現する場合 ●一般に契約社員，有期雇用労働者といわれている者
派遣社員	●労働者派遣法にもとづいて派遣元から派遣される労働者
正社員	●所定労働時間と所定労働日数を労働し，雇用期間に定めのない社員 ●一般に正社員，通常の労働者といわれる者
無期契約社員	●雇用期間に定めがない社員で，その社員を特定して表現する場合
改正前労契法	●平成30年の改正前の労働契約法
労契法	●平成30年７月６日公布された労働契約法
改正前パートタイム労働法	●パートタイマーの雇用管理の改善等に関する法律
パートタイム・有期雇用労働法	●平成30年７月６日公布された短時間労働者及び有期雇用労働者の雇用改善に関する法律
ガイドライン	●将来指針となるもので，2016年12月にガイドライン案として公表され，改訂された現状のもの

第 2 部

Q＆A編

1 なぜ同一労働同一賃金の改正が行われるのか

Q1 同一労働同一賃金が注目されていますが，法改正が行われた社会的背景を教えてください。

A

1．パートタイム・有期契約社員の賃金水準の現状

(1) 政策的な理由

働き方改革関連法の柱の1つに，同一労働同一賃金があります。その背景には，労働政策審議会で指摘されたように，パートタイム・有期契約社員の賃金水準の問題と，その人口の増加があります。賃金の安いパートタイム・有期契約社員の増加は，経済市場のメカニズムの当然の結果といえますが，それを市場原理に任せたままにすると日本経済の発展に支障をきたすと考えられます。そこで政策的な改革の必要性が生じ，法律が改正されました。

(2) パートタイム・有期契約社員の賃金水準

「第1部　概論」で述べたように，日本のパートタイム・有期契約社員は全労働人口の約4割に達しています。一方，パートタイム・有期契約社員の賃金水準は，改正当時の国税庁調査（平成30年分）によると全国平均で年収179.0万円です。一方，正社員の賃金水準は全国平均503.5万円だったので，非常に低いといえます。標準生計費との比較分析を行うと，次のようになります。

標準生計費とは，「家計調査結果」（総務省統計局）をもとに，標準的な水準の生活を営むのに必要な生活費を，世帯人数と世帯主年齢別に計算したものです。図表1は，「標準生計費」，「1,000人以上会社の正社員」の月例給与，「有期雇用契約社員」の月例給与の比較です。「標準生計費」は東京都のデータであり，1人の子供を大学まで進学させる家庭の世帯主の年齢別の生計費です。

「1,000人以上会社の正社員」の月例給与は，男子の所定内賃金のデータです。また「有期雇用契約社員」の月例給与は男性の所定内賃金でパートタイマーは含まれていません。厚生労働省調査による「賃金構造基本統計調査」データ（2016年）を採用しました。

【図表1】標準生計費と賃金水準の比較

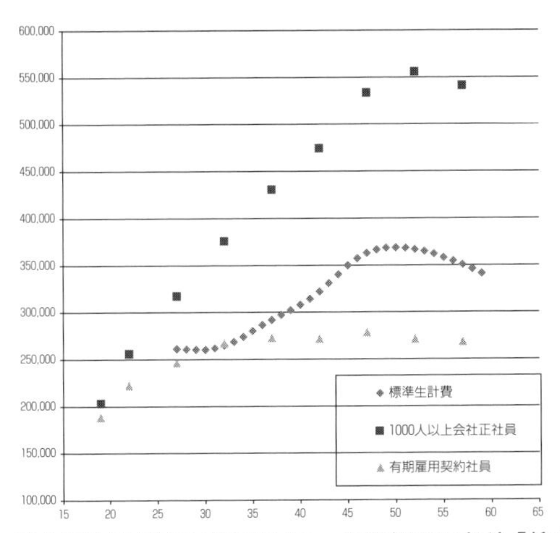

出典：厚生労働省　賃金構造基本統計調査2016年，労務行政研究所「賃金決定のための物価と生計費資料」2018年版より筆者作成

図表1によると，1,000人以上会社の正社員の賃金カーブは，しっかりとした昇給の状態を維持し，右肩上がりのカーブを描いています。また標準生計費のカーブは世帯の子供の成長に伴って増額を示し，子供が大学に入学する40歳から50歳でピークに達しています。これに対して，有期契約社員の賃金カーブは，20歳頃からゆるやかな増加傾向にありますが，その上昇傾向は約30歳までであり，60歳に至るまでほぼ現状維持の水準となっています。

ここで注目しなければならないことは，有期契約社員の賃金カーブが全年齢層で標準生計費カーブを下回っていることです。つまり，子を大学まで進学させることを前提とした場合，有期契約社員の立場では標準レベルの生活を全年齢層で確保することは困難といえます。

⑶　日本経済に与える影響

このような賃金水準のパートタイム・有期契約社員が，日本の全労働人口の約４割を占めるようになったということも問題です。マクロ経済学にはジニ係数という所得格差を示す指標があり，その係数が拡大すると，経済成長は抑制されるといわれています。そのジニ係数の拡大傾向にあり，デフレ経済からの脱却を困難にしていると考えられていました。また単純に考えて，パートタイム・有期契約社員の平均年収が179.0万円では，個人消費は伸びず，経済成長を期待することはできないと思われます。日本経済を復活させて，経済成長路線に持っていくには個人消費を活発にする必要があり，そのためには個人所得を増やさなければならないというのが，法改正の基底にある考え方といえます。

２．パートタイム・有期契約社員の待遇の現状

かつてパートタイマーは主婦を中心に，家計補助的な目的で短時間だけ働くのが一般的でした。また勤務時間はフルタイムであるものの，有期契約で働く人も増えています。さらに派遣会社から他の企業に派遣される派遣社員も増加傾向です。これらのパートタイム・有期契約社員と正社員の待遇の比較を図表２にまとめました。

正社員は雇用契約期間が定めのない内容で，基本的に定年まで雇用される権利があります。しかし，パートタイム・有期契約社員は有期契約がほとんどです。それにもかかわらず，雇用契約の更新により長期化しているケースがあり，なかには通算して20年を超える例もあります。結果として，雇用期間に関して正社員と変わらないという方もいます。

一方，賃金に関しては，正社員は月給制が多く，管理職の一部には年俸制の場合もあります。昇給は毎年春季労使交渉によって定期的に上昇し，賃金全体の底上げであるベースアップが行われることもあります。また賞与は年に２回あり，基本給に対して数カ月分という設定で金額が決まるのが通例です。

【図表2】正社員とパートタイム・有期契約社員の労働条件と職務内容

	正社員	パートタイム・有期契約社員
雇用契約	期間の定めのない契約で原則定年まで雇用	期間の定めがあるが更新があり，雇用期間が長期化の例が多数ある
賃金	月給制で毎年昇給，賞与がある	時給制が多く，定期昇給はほとんどない，賞与もないか少ない

しかしパートタイム・有期契約社員の中には正社員と仕事が同じケースあり

●同じ労働に対して，同じ賃金を支払うべきという考え
●パートタイム・有期契約社員の賃金を引き上げて，正社員と同じくすべきという考え

これに対してパートタイム・有期契約社員の賃金は，時給制をとっている例が多く，正社員のように定期昇給はなく，ある勤続年数を超えると据え置きになるケースが多いといえます。また賞与に関しては，支給されないか，十数万円程度の一時金という例もよく見られます。このように正社員とパートタイム・有期契約社員を単純に比較してみると，待遇差が明確に出ています。

一方で，実際の職務内容をみてみると，パートタイム・有期契約社員も正社員と同様の仕事をしている例があります。なかにはパートタイム・有期契約社員が正社員と同様の責任を負わされて，役職がついている場合もあります。また両者において職務の違いがあるが，その違いと不釣り合いといえるほど，パートタイム・有期契約社員の賃金が低い例もあり，賃金格差が確認できます。

このような不合理な賃金格差は，かつて男性と女性との間で問題となりました。そしてこの不合理な賃金格差の問題は日本において，正社員とパートタイム・有期契約社員との間で問題視されるようになりました。この賃金格差を政策的に解決するために，政府で同一労働同一賃金を政策課題として取り上げて，法律改正が行われたわけです。

2 同じ仕事をしているキャリア職とパートタイマーの均等・均衡の判断

Q2 わが社では正社員にはキャリア職コースを設けており，パートタイム・有期契約社員との雇用区分を明確に分けています。しかし，同じ職場で正社員とパートタイム・有期契約社員が同じ仕事をしている例があります。正社員と同じ仕事をしているパートタイム・有期契約社員に正社員より低い賃金を支払うことは問題なのでしょうか。

A

1．概　要

正社員のキャリア職コースやパートタイム・有期契約社員のような人事処遇コースを設け，その業務の内容や責任の程度を明確にし，仕事の難易度や専門性の幅に明らかに違いが生ずる場合には，その差に応じた賃金差を設けることは可能と考えられます。

一般的にいわれる正社員のキャリア職コース（総合職）では，長期雇用を前提としていて異動等があり，キャリア形成のために幅広くかつ高い専門性の習得が要求されます。一方，パートタイム・有期契約社員は短期雇用を前提としていることから，専門性も限られること等，職務の内容や職務内容の変更範囲に相違があります。ただし，この格差の不合理性の疑いを払拭するためには，キャリア職コースは，「長期雇用を前提としている」等のあいまいなものでは不十分で，より具体的な定義が必要です。

2．判断基準

(1) ガイドライン<問題とならない例①>

基本給について，労働者の能力又は経験に応じて支給しているＡ社において，ある能力の向上のための特殊なキャリアコースを設定している。通常の労働者であるＸは，このキャリアコースを選択し，その結果としてその能力を習得した。短時間労働者であるＹは，その能力を習得していない。Ａ社は，その能力に応じた基本給をＸには支給し，Ｙには支給していない。

(2) ガイドライン<問題とならない例②>

Ａ社においては，定期的に職務の内容及び勤務地の変更がある通常の労働者の総合職であるＸは，管理職となるためのキャリアコースの一環として，新卒採用後の数年間，店舗等において，職務の内容及び配置に変更のない短時間労働者であるＹの助言を受けながら，Ｙと同様の定型的な業務に従事している。Ａ社はＸに対し，キャリアコースの一環として従事させている定型的な業務における能力又は経験に応じることなく，Ｙに比べ基本給を高く支給している。

3．人事処遇コースの区分（雇用区分の明確化）

総合職と一般職という区分を設けて，人材活用の範囲や程度に違いを設ける複線型人事制度という仕組みがあります。

総合職とは長期雇用によるキャリア形成を前提としたもので，一般的には雇用期間の定めのない正社員に適用されます。管理職までの昇進昇格の機会が与えられ，能力の面では管理職になるための幅広い専門性や経験が求められます。それを習得するために人事異動でいくつかの職種を経験し，異動の状況によっては転勤も経験することもあります。また昇進昇格も経験し，上位になるに従って責任が重くなります。例えば業務遂行責任，そして結果責任や売上責任，利益責任を負うことがあります。さらにポストによっては情報管理責任，予算管理責任，設備管理責任，人事管理責任等が付与されることもあります。このように，総合職はキャリア形成をするために，職務の内容の変更や職務の範囲の拡大があり，それを行うために，異動や転勤を経験することになります。

一方，パートタイム・有期契約社員は，雇用期間が限定されていることから，多様な職務を経験すること，そして職務の範囲を拡大することが困難です。したがって，おのずと職種は限定されたものとなり，比較的簡単な定型業務に限られる傾向にあります。また勤務地が限定されることが多く，ある程度の担当変更の異動はありますが，総合職のような大きな異動がないのが一般的です。

このような職務内容や職務内容の変更範囲，そして責任の程度に関し，総合職とパートタイム・有期契約社員の待遇に違いがあるのが一般的です。

業務の内容，責任の程度，昇進昇格の範囲，異動・転勤の有無などの待遇の違いを，正社員，パートタイム・有期契約社員等の雇用形態別にまとめたものを雇用区分といいます。

同一労働同一賃金における均等待遇と均衡待遇を判断する場合，職務の内容だけではなく職務の内容の変更範囲，そして責任の程度も判断の対象となり，これらを考慮して賃金の差のあり方を判断していくことになります。

雇用区分の説明はＱ５（どこから準備を進めたらよいか）を参照ください。

４．パートタイム・有期契約社員の実態

一般的に正社員とパートタイム・有期契約社員の雇用区分は明確に分かれていて，人事異動や転勤の有無に違いがあり，業務内容も明確に分かれています。仕事の内容は正社員に比べて簡単なものが多く，短期雇用を前提としていることから定型業務が多いといえます。

雇用契約の更新を継続することにより長期化している例もあります。正社員のような幅広い専門性や高度な専門知識が要求される事は少なく比較的平易な定型業務を中心に行っており，この点が総合職（キャリア職コース）とは異なるものといえます。

５．質問に対する回答

同一労働同一賃金の原則は，業務の内容だけではなく，責任の程度，そして

人事異動や転勤の有無などの人材活用の範囲も考慮して，均等待遇と均衡待遇を判断します。

したがって，同じ職場で正社員とパートタイム・有期契約社員が同じ仕事を行っている場合，直ちに同一賃金を支払わなければならないという判断をするのではなく，上述した人材活用の範囲，その他の事情を含めて判断する必要があります。

ご質問では同じ職場でキャリア職コースの正社員とパートタイム・有期契約社員が，同じ仕事をしているとのことです。正社員がキャリア形成のために現状の仕事をしており，今後の責任のある職務をする基礎教育の一環である場合，人材活用の範囲にパートタイム・有期契約社員とは違いがあると考えられます。したがってその違いに応じた賃金の相違が生じたとしても，不合理ではないと考えられます。

また，通達（平成31.1.30基発）によると，「職務の内容及び配置の変更の範囲（人材活用の仕組み，運用等）の同一性を判断することについては，将来にわたる可能性についても見るものであるため，変更が「見込まれる」と規定したものであること」とされており，将来の見込みも判断基準に含まれると考えられます。

一方，キャリア職コース等の人事処遇コースを明確にせず，人材活用の範囲も不明確のままであると，適正な均衡待遇とはいえず，不合理であると判断される可能性があります。

このような事態を回避するには，長期的な雇用を前提とし，キャリア形成のための人事異動や転勤の有無，昇進昇格の有無，付与される責任の程度などを明確にし，その内容を就業規則に反映して，人事制度として整備するといったことをしないと，均等・均衡の観点から，不合理と評価される可能性が払拭できないと思われます。

3 「同一性」をどのように判断するか

Q3　パートタイム・有期雇用労働法9条の「同一労働である」「同一労働でない」の線引きポイントを教えてください。

A

1．概　要

正社員と比べて，①職務内容，②人材活用の仕組みや運用が同じパートタイム・有期契約社員は，就業の実態が同じと判断されます。「同一労働」に該当するかどうかについては，営業職や研究職といった同じ職種であれば同一労働というわけではありません。例えば，職種が同じであっても仕事の難易度，専門性の幅，責任の程度，転勤の有無，配置替え・職務内容の変更の有無などの労働価値に合理的な違いがあれば，「同一労働」でないということになります。

2．判断基準

(1)　改正前パートタイム労働法第9条

> 事業主は，職務の内容が当該事業所に雇用される通常の労働者と同一の短時間労働者であって，当該事業所における慣行その他の事情からみて，当該事業主との雇用関係が終了するまでの全期間において，その職務の内容及び配置が当該通常の労働者の職務の内容及び配置の変更の範囲と同一の範囲で変更されると見込まれるものについては，短時間労働者であることを理由として，賃金の決定，教育訓練の実施，福利厚生施設の利用その他の待遇について，差別的取扱いをしてはならない。

(2) 厚生労働省の通達 （平成19年10月1日雇児発1001002号第1の4(2)）

> 職務内容の同一性については，個々の作業まで完全に一致していることを求めるのではなく，中核的業務を抽出して実質的に判断すること，人事異動等の有無・範囲の同一性についても完全な一致ではなく，実質的な同一性を客観的な事情・実態を考慮して判断すること。

改正前パートタイム労働法では，①職務の内容（業務の内容と責任の程度），②人材活用の仕組みや運用など（人事異動などの有無及び範囲）を正社員と比較しています。

【図表1】労働の均等・同一性の判断基準

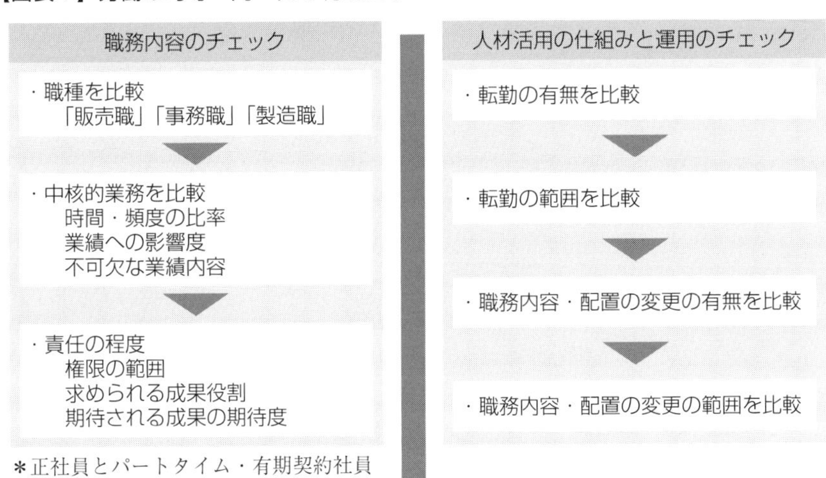

① 職務の内容（業務の内容と責任の程度）

《step 1》**業務の内容が実質的に同じかどうか**を判断します。
職種を比較します。例えば，販売職，管理職，事務職，製造工，印刷工など従事する業務の種類が同じかどうかを判断します。ここでの比較は，「実質的」に同じかどうかを判断するものであり，個々の作業が異なるからといって直ちに業務の内容が異なるとはならないので注意が必要です。

《step 2》担当業務について，業務分担表などで，パートタイム・有期契約社員，正社員はどのような業務に従事しているか，個々の業務を分割して整理します。
<イメージ図>
パートタイム・有期契約社員が従事する業務　　正社員が従事する業務

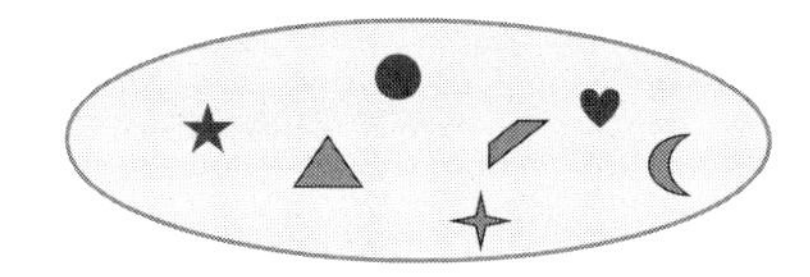

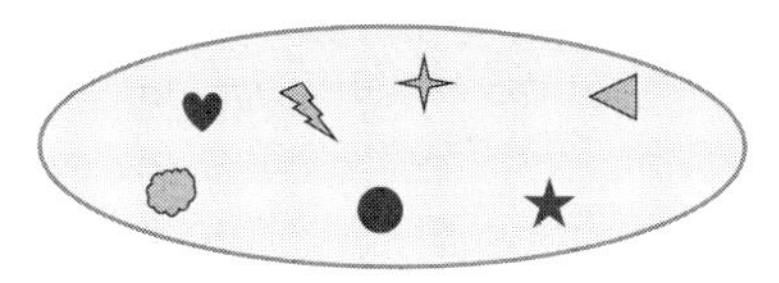

細分化した個々の業務

《step 3》細分化した個々の業務のうち，「中核的業務」を抽出し，パートタイム・有期契約社員と正社員とで比較します。「中核的業務」とは，例えば次のような業務です。

- その労働者に与えられた職務に不可欠な業務
- 業務の成果が事業所の業績や評価に大きな影響を与える業務
- 労働者の職務全体に占める時間，頻度において，割合が大きい業務

※抽出した中核的業務のうち，多少異なるものがある場合は，その異なる業務に必要な知識や技能の水準などの観点から，業務の性質や範囲が実質的に同じかどうかを比較します。

《step 4》**業務に伴う責任の程度が著しく異ならないかどうか**を判断します。
責任の程度が著しく異ならないかどうかの判断に当たっては，

- 与えられている権限の範囲
（単独で契約の締結が可能な金額の範囲，部下の人数，決裁権限の範囲など）
- 業務の成果について求められる役割

- トラブル発生時や臨時・緊急時に求められる対応の程度
- ノルマなどの成果への期待度

などを総合的に比較します。このとき，例えば管理する部下の人数が１人でも違えば，責任の程度が異なる，といった判断をするのではなく，責任の程度の差が「著しい」と言えるものかどうかをみます。また，役職名など外見的なものだけで判断するのではなく，実態をみて判断します。

なお，所定外労働の有無や頻度は責任の程度を表すものではありませんが，所定労働時間内の業務に伴う責任が重い場合は，その責任を果たすために所定労働時間外の労働が生じることがあります。このような場合には，上記の事項の補助的指標として，所定外労働の有無や頻度についても考慮します。

② 人材活用の仕組みや運用など（転勤の有無，職務内容・配置変更の範囲）

《step１》転勤について

まずは，パートタイム・有期契約社員と正社員の転勤の「有無」を比較します。比較の際は，実際に転勤したかどうかだけでなく，将来にわたって転勤をする見込みがあるかどうかについて，事業所の就業規則や慣行などから判断します。

次に，**転勤の範囲**（全国か，エリア限定かなど）を比較します。転勤の範囲が同じであれば，人材活用の仕組みや運用などは同じ，一方のみが転勤するのであれば，人材活用の仕組みや運用などは異なると判断します。

《step２》「職務の内容の変更」と「配置の変更」について

まずは，人事異動による**配置替え**や，昇進などによる**職務内容や配置の変更の有無**を比較します。どちらも変更なしであれば，人材活用の仕組みや運用などは同じ，一方のみ変更があるのであれば，人材活用の仕組みや運用などは異なると判断します。

次に，「職務の内容の変更」と「配置の変更」の**範囲**を比較します。経験する部署の範囲や昇進の範囲について比較します。なお，比較の際は，単に異動可能性のある部署の数が異なるといった形式的な判断ではなく，実質的な判断をします。

3．事　例

⑴　業務内容は同じでも，責任の程度が異なり，職務が異なる場合

ある運送会社のパートタイムドライバーＡと正社員ドライバーＢとでは，ドライバーという職種は同じで，ＡとＢの配達品目や配達地域も同一なので業務内容は同一です。

しかし，Ｂには，繁忙時や急な欠勤者が出た場合の対応が求められ，実際月末になると残業をすることが多い一方，Ａにはこれらの対応は求められないため，業務に伴う責任の程度はＢの方が重いといったような場合には，職務の内容は異なると評価されます。

⑵　人材活用の仕組みや運用などが異なる場合

あるシステム開発会社では，事業所は１つのみで，結果的にみて転勤はありません。また，この会社で働くプログラマーは専門職と位置付けられ，開発部に所属し，正社員プログラマーもパートタイムプログラマーも人事異動はありません。したがって，配置の変更がない，という観点からは同じ取扱いになっています。

しかし，人材活用の方針として，正社員プログラマーは担当するシステムの分野を定期的に変更させたり，社内横断的なプロジェクトチームに参加させたりして，様々な業務の経験を積ませ，育成することにしている一方で，パートタイマーには，正社員と同様の取扱いは行っていません。このような場合には，雇用されている期間に経験する職務の範囲が正社員の方が広く，人材活用の仕組みや運用などが異なると考えられます。

4．質問に対する回答

上記は，改正前パートタイム労働法９条についての解釈です。パートタイム・有期雇用労働法９条には，「基本給，賞与その他の待遇のそれぞれについて」の文言が追加されましたが，改正後においても，上述の理解に変更はありません。

同一性については，①職務の内容（業務の内容と責任の程度），②人材活用の仕組みや運用（人事異動の有無及び範囲）が線引きのポイントです。

4 同一労働同一賃金に職務給で対応できるか

Q4 同一労働同一賃金に対応する基本給は職務給でなければならないのですか。職能給を長年導入していますが，同一労働同一賃金に対応できますか。

A

1．概　要

職能給でも，役割給でも，成果給でも同一労働同一賃金に対応できます。言葉をそのまま解釈して「同じ仕事に対して同じ賃金」ととらえる人が多いために，職務給でなければならないという人がいますが，それに限られるわけではありません。職能給や役割給でも対応できます。

2．判断基準

ガイドラインの前文の目的には，次のようなことが書かれています。

> 我が国においては，基本給をはじめ，賃金制度の決まり方には様々な要素が組み合わされている場合も多いため，まずは，各事業主において，職務の内容や職務に必要な能力等の内容を明確化するとともに，その職務の内容や職務に必要な能力等の内容と賃金等の待遇との関係を含めた待遇の体系全体を，短時間・有期雇用労働者及び派遣労働者を含む労使の話合いによって確認し，短時間・有期雇用労働者及び派遣労働者を含む労使で共有することが肝要である。

> 今後，各事業主が職務の内容や職務に必要な能力等の内容の明確化及びその公正な評価を実施し，それに基づく待遇の体系を，労使の話合いにより，可能な限り速やかに，かつ，計画的に構築していくことが望ましい。

さらにガイドラインには，

① 基本給であって，労働者の能力又は経験に応じて支給するもの

② 基本給であって，労働者の業績又は成果に応じて支給するもの

③ 基本給であって，労働者の勤続年数に応じて支給するもの

について，基本給の基本的な考え方が示されています。

これを踏まえて回答します。

3．日本企業に導入されている賃金制度の種類

(1) 賃金タイプ別の採用率

日本の企業で採用されている賃金制度は多種にわたります。所定内賃金は基本給と諸手当から構成されますが，その基本給に多くの種類があります。例えば職能給，年齢給，勤続給，役割給，業績・成果給などです。さらにこれらの賃金制度が単一で基本給を構成しているのではなく，年齢給と職能給の組み合わせのように，併用されている例も多数あります。

図表1は，経団連調査による日本企業に導入されている基本給の比率です。

【図表1】基本給の賃金項目

賃金制度	職能給	年齢・勤続給	役割給	業績・成果給	資格給	職務給
採用比率	66.6%	48.7%	32.8%	32.4%	30.4%	27.6%

（注）非管理職を対象とし，調査は複数回答方式

出典：経団連 「2014年人事労務に関するトップ・マネジメント調査結果」

(2) 賃金制度の特徴と趣旨

最も採用率の高いのが職能給であり，かつては日本の多くの企業で導入されていました。従業員の職務遂行能力のレベルに応じた賃金を決定する仕組みです。これに対置されるものが職務給であり，与えられた仕事の難易度や責任の程度等に応じて賃金が決まります。この点を端的に表現すると，職能給は決定

要素を「人」におき，職務給は「仕事」におく特徴があります。

年齢給は年齢ごとに決まる賃金であり，勤続給は入社時をスタートとして勤続年数に応じて昇給させます。年齢給は賃金の年功化を生じさせるという理由から廃止する企業が相次いでいますが，その本質は最低生計費の確保にあります。

役割給は従業員に与えられた役割の大きさに応じて決まる仕組みで，職務給の一種と考えられます。

業績・成果給は，売上等の成果を基本給に反映させる仕組みで，小売業や運送業でよく採用されています。売上等と連動するために，金額は変動する性質があります。

資格給は資格等級制度を導入している場合，その等級に応じて支給するもので，上位等級ほど高い傾向にあります。

(3) 同一労働同一賃金への基本的な考え方

このように日本企業においては，多種多様の賃金制度を導入しているために，同一労働同一賃金に対応するには，職務給でなければならないという条件を課すことは困難です。職務給は職務評価によって数値で仕事の大きさ（ジョブサイズ）を表現でき，同一労働同一賃金で要求される均等待遇と均衡待遇の判断が容易にできます。しかし，日本の企業では長年にわたって「職務」ではなく，「人」を基準とした賃金制度が浸透してきました。

このような背景をもとに，今回の改正に当たって，同一労働同一賃金に対応するには，職能給でも，役割給でも可能であり，個々の賃金項目の趣旨に基づいて均等待遇と均衡待遇が判断されることになっています。なおメトロコマース事件（最高裁令２．10．13判決）と大阪医科薬科大学（最高裁令２．10．13判決）で東京高裁と大阪高裁の原審が維持され，導入する賃金制度の種類に関し，経営側に裁量があることが示されています。

4．パートタイム・有期契約社員の実態

正社員に対しては，上述した職能給や役割給などの資格等級制度を設けて，それに対応した賃金制度を整備している企業が多くあります。その賃金のほとんどは月給制又は年俸制で，年間数カ月分の賞与があり，また毎年春季労使交渉があって正社員の月例給与は昇給していきます。

しかしパートタイム・有期契約社員に対して，このような体系的な賃金制度を導入している企業は少なく，パートタイマーは時給制が多く，そのときの世間相場を考慮して決定されるケースが多くあります。また契約社員については，フルタイムの場合は月給制又は日給月給制が採用されているが，正社員のような資格等級制度や人事評価制度と連動して体系化されている例は少なく，正社員に比べて低い賃金水準にあるといえます。

5．質問に対する回答

(1) 賃金制度について

上述のとおり同一労働同一賃金に対応するには，職務給でなければならないということはなく，職能給，職務給，役割給等でもかまいません。したがって，同一労働同一賃金を実現するために，改めて人事制度の全面改定をする必要はないと考えます。ただし次に説明するように，不合理な待遇差解消のためには，パートタイム・有期契約社員に対しても賃金を決定する仕組みを整備し，正社員との均等待遇と均衡待遇の関係を明確にした賃金制度を整備していく必要があります。

(2) パートタイム・有期契約社員まで広げた資格等級制度と賃金制度の整備

正社員とパートタイム・有期契約社員との間で，賃金の均等待遇と均衡待遇を実現するためには，人事制度の基本となる資格等級制度を整備することが有益です。その対象は正社員だけではなくパートタイム・有期契約社員まで広げ，その相互関係を明確にすることが適切です。そしてその資格等級制度と賃金制

度の対応関係の整合性も問われます。

資格等級と賃金テーブルの対応関係のイメージを図表2に示します。

【図表2】正社員とパートタイム・有期契約社員の資格等級・賃金の待遇の整備

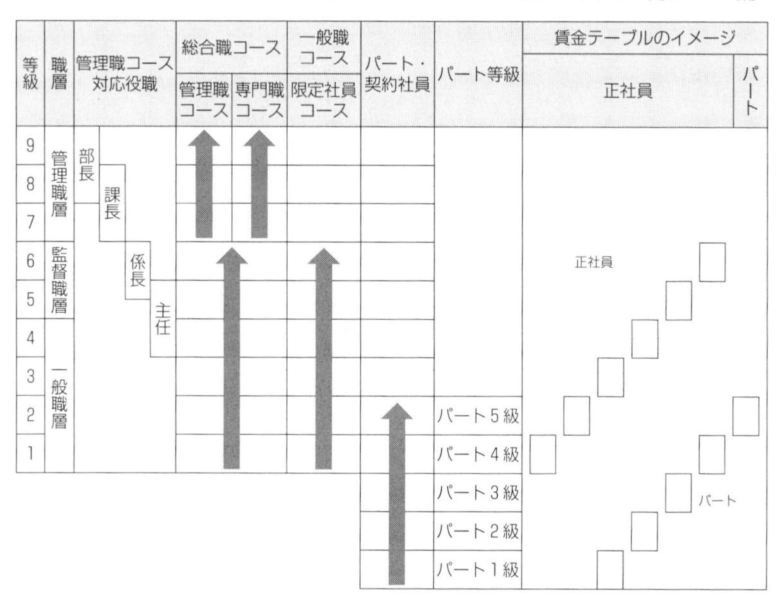

5 どこから準備を進めたらよいか

Q5 同一労働同一賃金への対応を準備していますが，何から手をつけたらよいか迷っています。どのような準備を進めたらよいですか。

A

まずは現状を確認し，それに基づき雇用区分の整理，説明義務の体制整備，ガイドラインや判例に基づく賃金制度の改定検討等を行っていきます。

1．現状の確認

まず「均等待遇」と「均衡待遇」の対象となるパートタイム・有期契約社員の存在の確認が必要です。対象者がいる場合は，そのタイプ別に「待遇の種類」と個々の待遇の「決定基準」を確認し，さらに個々の待遇ごとに「適用の有無」と「決定基準」について，正社員との違いがあるかをチェックしてください。

均衡待遇の対象者について「適用の有無」あるいは「決定基準」に違いがある場合，その待遇の「性質・目的」を整理します。その性質・目的に照らして判断要素を特定し，違いについて適切な説明ができるかどうかの検討が重要です。

2．雇用区分の整理

このような現状の確認をするとともに，雇用形態別の待遇の違いを整理しておくと，均等待遇と均衡待遇の判断が適切かつ効率的にできると考えられます。その整理について説明します。

(1) 概　要

①　雇用区分と対象者の整理

ここで雇用区分とは，雇用契約期間が有期であるか無期であるか，所定労働時間がフルタイムであるか否かによって，正社員，有期契約社員，パートタイマー等の雇用形態別に整理し，その雇用形態ごとに人事上の待遇の相違を整理して区分したものと定義します。

同一労働同一賃金への対策として，その雇用区分の整理が必要であり，区分ごとに業務の内容や責任の程度，配置転換等の人材活用の現状を把握することが重要です。そのためには，まず正社員，有期契約社員，パートタイマー，定年後再雇用者等の対象者を整理し，さらに正社員に総合職や一般職（限定社員）のような区分があるときは，それも明確にします。

②　待遇の実態の整理

雇用区分ごとの各対象者について，業務の内容，責任の程度，職務内容の変更の範囲を整理します。ポイントは，正社員とパートタイム・有期契約社員との相違を明確にすることです。特に業務の内容，責任の程度，人材活用の範囲の相違が重要です。

③　待遇の相違の理由

雇用区分において待遇に相違がある場合，その際の理由を明確にします。なお，この点に関連して，パートタイム・有期契約社員から均衡待遇に関しての説明を求められた場合，回答しなければなりません。

それぞれの社員に対して，どのような業務内容や責任を求めるのかを明確にします。例えば，正社員の総合職であれば，長期雇用を前提としており，将来は管理職やリーダーになることを期待し，そのチャンスを与えています。そのために与える業務の内容は，判断を必要とする業務が中心であり，その専門性は昇進昇格とともに高くなっていきます。また責任の内容は昇進昇格とともに業務遂行責任から，結果責任や利益責任へと重くなっていきます。このような役割を遂行するためには長期雇用を前提とする必要があり，その雇用を通して高い専門性と幅の広い経験の習得を求めていくこともあります。そのためには，いくつかの職務を経験する必要があるので人事異動に応じ，場合によっては転勤を経験することもあります。このように総合職の正社員の職務の変更の範囲は，後述するパートタイム・有期契約社員と比べて広いといえます。

一方，パートタイム・有期契約社員は，正社員の労働力の補完的な意味合いで雇用される場合が多いといえます。その補完的な意味とは，正社員が事業の基幹的業務を恒常的に担当するのに対して，その基幹的業務に付随して存在する簡易的定型業務を補完することによって事業が完結するという意味です。この補完的業務には，事業の業務量の変動によって短期的に存在するものもあれば，ある期間分だけ存在するものもあります。したがって，パートタイム・有期契約社員の雇用期間は短期であり，また一部は雇用契約の更新により，長期化する場合もあり得ます。担当する業務は，リピート性の高い単純な定型業務を中心に担当することになります。このような業務を担当することを目的として雇用されているために，責任の程度は業務遂行責任にとどまり，結果責任や利益責任まで問われることは少ないと考えられます。また，契約期間が短期である場合，経験できる業務の範囲も限られるために，昇進昇格の範囲も限定されます。担当業務の異動は生ずる場合もありますが範囲は限定され，転勤はないケースが多いといえます。

このような業務の内容や責任の程度，職務内容の変更の範囲に関し，正社員とパートタイム・有期契約社員の間には相違があります。会社の実態に応じて明確にし，説明が求められたとき，説明できるようにしておいてください。

(2) 雇用区分規程の整備

今後の訴訟リスクを抑えるために，雇用区分に関する定めを規程としてまとめることを薦めます。

3．説明義務の体制整備

(1) 概　要

パートタイム・有期契約社員から正社員との待遇の相違に関して説明を求め

られたとき，事業主はその説明をすることが義務付けられました。説明をしなければならない内容は，

① 正社員との待遇の相違について

② その理由

です。説明をしないと，パートタイム・有期雇用労働法違反となりますので，必ず説明できる体制を整えてください。

⑵ 説明のポイント

待遇の相違について比較となる正社員とは，業務の内容と責任の程度，職務の内容と配置の変更の範囲が最も近いと事業主が判断する正社員です。その社員を選んだ基準についても社員から求められたときは説明する必要がありますが，個人が特定されないように配慮が必要です。

待遇について相違があるとき，具体的な内容と理由を説明する必要があります。例えば，数量的な待遇である賃金に関しては，平均額，上限額，下限額を示し，数量的ではない待遇に関しては，最も高い水準，最も低い水準を示すことが必要です。

待遇の相違の理由に関しては，その待遇の性質及びその待遇の目的に照らし合わせて相違の理由を具体的に説明することがポイントです。例えば，業務の内容に関しては，正社員には判断業務を与えていて難易度の高い知識が求められるが，パートタイム・有期契約社員にはルーチン業務を与えるので難易度は比較的低い程度にとどまる。また，正社員には結果責任を求めているのに対して，パートタイム・有期契約社員には，業務遂行責任までを求めているので，責任の程度にも相違がある。そのような相違があるために，賃金額に差異が生じていることを説明することは，参考事例になると考えられます。

⑶ 説明の方法

説明を求めてきたパートタイム・有期契約社員が理解できるように資料を用意し，具体的に説明することが重要です。わかりやすい内容であれば，資料を

渡すだけでもかまいません。

4．賃金制度の改定検討

正社員とパートタイム・有期契約社員の賃金が相違し，均等待遇や均衡待遇に関して合理性が確保されていなければ，賃金の見直しが必要です。法律の趣旨目的からすると，パートタイム・有期契約社員の基本給，時給，諸手当の引上げで対応することになると考えられます。その際のポイントは，次のとおりです。

(1) ガイドラインに従うこと

能力給，勤続給，成果業績給等の基本給と昇給に関する考え方，そして問題となる例と問題にならない例が示されています。また役職手当をはじめとする諸手当に対する考え方等も示されています。これにしたがって，判断していくことが重要です。

(2) 裁判例を参考にした判断

家族手当，住宅手当，退職金に関しては，最高裁判決によって考え方が示されました。家族（扶養）手当は日本郵便（大阪）事件（最高裁令2．10．15判決），住宅手当はハマキョウレックス事件（最高裁平30．6．1判決），メトロコマース事件（最高裁令2．10．13判決で原審を維持），日本郵便（東京）事件（最高裁令2．10．15判決で原審を維持），賞与に関しては大阪医科薬科大学事件（最高裁令2．10．13判決），退職金に関してはメトロコマース事件（最高裁令2．10．13判決）で示されています。詳細は，Q12，Q13，Q22を参照してください。

なお家族手当，住宅手当，賞与，退職金の正社員への支給率は高く，パートタイム・有期社員との相違について従業員から質問があった場合，経営側には説明義務が発生します。判例をご理解のうえ，しっかりとした対応をしてください。

6 異なる賃金制度の均等・均衡待遇の判断方法

Q6 正社員は月給制としており，基本給は職能給とする賃金制度を採用していますが，パートタイム・有期契約社員は時給制です。このように正社員と非正規社員に異なる賃金制度を採用しており，支給金額にも違いがあります。同一労働同一賃金の判断はどのようにすれば良いのですか。

A

1．概　要

正社員とパートタイム・有期社員に対して，同じ賃金制度が導入されている場合は少なく，正社員は月給制，パートタイム・有期社員は時給制としている例が多数あります。また正社員は年齢給，職能給，職務給で基本給を構成しているが，パートタイム・有期社員は単なる時給制としており，両者において異なる賃金制度を適用している例が最も多いといえます。

メトロコマース事件と大阪医科薬科大学事件は，その参考となる事例です。

2．裁判の内容

⑴　メトロコマース事件（最高裁令2．10．13判決，東京高裁平31．2．20判決）

基本給に対する考え方に関し，次の東京高裁の判断が確定しています。

①　比較対象者

契約社員との比較対象者を「売店業務に従事している正社員」としました。

②　異なる賃金制度の設計について

「正社員には長期雇用を前提として年功的な賃金制度を設け，本来的に短期雇用を前提とする有期契約労働者にはこれと異なる賃金体系を設けるという制度設計をすることは，企業の人事政策上の判断として一定の合理性が認められるところである。」と判示し，異なる賃金制度の導入について企業側の裁量を認めています。

③　職務の内容等の相違

また「職務の内容等の相違に関しては，正社員は代務業務やエリアマネージャー業務に従事して配置転換の可能性があるのに対し，契約社員Bは原則として代務業務に従事せず，エリアマネージャー業務に従事する予定もないし，配置転換の可能性はない。」

とし，改正前労契法20条の「職務の内容」と「配転の範囲」ついて，正社員とパートタイム・有期社員の間において，相違があったことを認めています。

④　賃金の相違

正社員の本給は年齢給と職務給をあわせると月額25万4541円でした。これに対して3人の契約社員の過去最高の本給は，正社員の賃金に対して74.6%，72.6%，73.6%に相当し，これを「一概に低いとはいえない割合となっている。」と判断しています。

また契約社員から正社員への登用制度があり，それを利用することで，賃金の相違は解消できる機会も与えられているとしています。

⑤　判　断

以上より，「労働条件の相違は，不合理であると評価することができるものとはいえないから，労働契約法20条にいう不合理と認められるものに当たらないと解するのが相当である。」と判断しています。

(2)　大阪医科薬科大学事件（最高裁令2．10．13判決，大阪高裁平31．2．15日判決）

本件も基本給に関しては，原審（大阪高裁）の判断が最高裁判決で維持されました。

①　比較対象者

比較対象者は，「被控訴人の正職員全体の中でも，これに近接した時期である平成25年4月付けで新規採用された正職員とするのが相当である。」と判断しました。

② 異なる賃金制度の設計について

賃金制度の相違に関しては，「アルバイト職員は時給制，正職員は月給制という労働条件の相違についてみると，どちらも賃金の決め方として，一般に受け入れられるものである。その上，認定事実によれば，アルバイト職員は短時間勤務者が約６割を占めていることが認められる。そのことを踏まえると，アルバイト職員に，短時間勤務者に適した時給制を採用していることは不合理とはいえない。」とし，異なる賃金制度の導入について企業側の裁量を認めています。

③ 職務の内容等の相違

正職員は，「法人全体のあらゆる業務に携わっており，その業務内容は総務，学務，病院事務等多岐にわたる…法人全体に影響を及ぼすような重要な施策も含まれ，業務にともなう責任も大きく，また，あらゆる部署への異動の可能性があった」としています。

一方，アルバイト職員は，「書類のコピーや製本，仕分け，パソコンの登録等の定型的な事務であり，…備品管理等の定型的で簡便な業務や雑務が大半であり，配置転換は例外的であったことを認めることができる。」とし，さらに「このように，正社員とアルバイト職員とでは，実際の職務も，配置の可能性も，採用に際し求められる能力に相当の相違があったというべきである。」と判断しています。

このように正職員とアルバイト職員の職務の内容に関しては，難易度や責任の程度の面からみて，大きな相違があったことを指摘しています。

④ 賃金の相違

正社員の初任給は月額19万2570円でした。これに対してアルバイト職員の平均月額は14万9170円であり，これを１カ月フルタイムに換算すると，月額賃金は約15万円から16万円程度になります。そして「控訴人と平成25年度４月新規採用の正職員との間には，２割程度の賃金格差がある。」と指摘しています。

そして，異なる賃金制度の性質として，「正職員の賃金は勤続年数に伴う職務遂行能力の向上に応じた職能給的な賃金，アルバイト職員の賃金は特定の簡易な作業に対応した職務給的な賃金としての性質を有していたといえる。」と異なる賃金制度であることを認めています。

⑤ 判　断

これにより次のような判断をしています。

「以上のとおり，職務，責任，異動可能性，採用に際し求められる能力に大きな相違があること，賃金の性格がことなることを踏まえると，正職員とアルバイト職員で賃金水準に一定の相違が生ずることも不合理とはいえないというべきである。…その相違は，約２割にとどまっていることからすると，そのような相違があることが不合理であるとは認めるに足りない。」

3．判例に対する考察

メトロコマース事件と大阪医科薬科大学事件から，異なる賃金制度の判断方法として次のようなことがいえます。

① 比較となる対象者

「職務の内容」と「配置転換の範囲」の状況などをもとに，最も近いと考えられる正社員を比較対象としています。メトロコマース事件では売店業務に従事する正社員でした。

また大阪医科薬科大学事件では，基本給に関しては，アルバイト職員の採用時に近接した時期に新規採用された正職員でした。

このように「職務の内容」と「配置転換の範囲」の状況を見ながら，パートタイム・有期契約社員と最も近い正社員が比較対象者になると考えられます。

② 職務の内容等

担当している職務の内容に関して，難易度，影響度，責任の程度等の視点で調査し，正社員とパートタイム・有期社員との間に，どの程度の相違があるのかを詳細に分析しています。

パートタイム・契約社員から正社員と同じ仕事をしているが，賃金に差があるのは問題があるのではないかという問い合わせをよく受けます。職務調査をしてみると，職務の項目は同じですが，職務内容の難易度に明らかな差が確認されるケースがあり，その把握が重要と考えます。

Q31で述べているように，同一労働同一賃金に関して従業員から質問があった場合，経営側には説明義務があります。その際，職務の項目的な内容だけではなく，両者の難易度や責任の程度の差の有無とその程度まで調査して説明することが重要と考えます。

③　賃金の相違

異なる賃金制度であっても，パートタイム・有期社員の支給額をもとに，フルタイムで働いた場合の金額に換算して比較基準を統一し，正社員と比較しているところが注目点です。つまり，正社員は月給制，パートタイム・有期社員が時給制の場合，時間換算して月給相当額を計算し，判断していくことがポイントです。

そこで賃金の相違が確認された場合，職務の内容や配転の範囲の相違との比較を検討してください。メトロコマース事件ではパートタイム・契約社員の支給水準が正社員の72.6%から74.7%，大阪医科薬科大学事件では２割程度の格差は不合理ではないと判断しています。

４．質問への回答

まず改正前労契法20条の判断基準である「職務の内容」や「職務の配転の範囲」，「その他の事情」について，正社員とパートタイム・有期社員との間での違いを整理することが重要です。

さらにパートタイム・有期社員の時給を月給等に換算する等，賃金の支給基準を統一して正社員と比較することがポイントです。

そして正社員とパートタイム・有期社員との間において，職務の内容等の相違と賃金の相違について均衡がとれているかどうかを判断することがポイントになります。

7 他社での職務経験をどのように扱うか

Q7 ある会社では，基本給設定に当たり，正社員には，担当業務と異なる他社での職務経験を含め社会人としての経験全体を考慮して加算を行っていますが，有期契約社員には，そのような加算を行っていません。このため，担当業務のスキルは同じでも，基本給額に差が出てきます。こうした取扱いは，均衡待遇といえるでしょうか。

A

1．概　要

例えば職能給制度等では，労働者の能力又は経験に応じて賃金額が決まります。このような制度の下で，経験という基準を正社員のみに当てはめて，同じ制度が適用される有期契約社員等に当てはめないことは，均衡を欠いた取扱いとみなされる可能性があります。さらに，ご質問のケースでは，一般的な経験を基準として基本給に加算を行っていますが，こうした経験が業務に関連性を持たない場合には，その基準に基づき待遇差をつけることは，不合理な取扱いに該当するのではないかと考えられます。

2．判断基準

ガイドラインでは，基本給の設定を労働者の能力又は経験に応じて支給する場合の考え方を次のように示しています。

> 1　基本給　(1)　基本給であって，労働者の能力又は経験に応じて支給するもの
> 　基本給であって，労働者の能力又は経験に応じて支給するものについて，通常の労働者と同一の能力又は経験を有する短時間・有期雇用労働者には，能力又は経験に応じた部分につき，通常の労働者と同一の基本給を支給しなければならない。また，能力又は経験に一定の相違がある場合においては，その相違に応じた基本給を支給しなければならない。

　このように，能力又は経験を基準とする職能給制度の適用下で，正社員の経験のみを評価し，パートタイム・有期契約社員の経験を評価しないことは，不合理な取扱いにつながるおそれがあります。

3．ガイドラインでの例示

　ガイドラインでは，次のような問題となる例を挙げています。

<問題となる例>

> 　基本給について，労働者の能力又は経験に応じて支給しているＡ社において，通常の労働者であるＸが有期雇用労働者であるＹに比べて多くの経験を有することを理由として，Ｘに対し，Ｙよりも基本給を高く支給しているが，Ｘのこれまでの経験はＸの現在の業務に関連性を持たない。

　正社員とパートタイム・有期契約社員双方の「経験」を考慮して，基本給の設定をしたとしても，その「経験」が，現在の業務と関連性を持たない一般的な社会経験や学歴である場合は，有効な基準となりません。そのような業務に関連性のない基準の考慮によって，正社員とパートタイム・有期契約社員の基本給に格差が生じた場合，不合理な相違と認められることとなります。

　ただし，カウンセリング業務やコンサルティング業務のように，一般的な社会経験が業務の遂行に役立つような場合もあります。そのような場合は，業務との関連性が認められますので，評価基準とすることに一定の合理性が認められるものと思われます。

4．質問に対する回答

経験の有無等の基本給設定基準を定めておきながら，それをパートタイム・有期契約社員に適用せず，正社員だけに適用すると，均衡を欠いた待遇とみなされるおそれがあります。さらに，基本給設定基準を正社員とパートタイム・有期契約社員の双方に適用したとしても，その基準が業務に関連性を持たない場合は，合理性に欠けた基準と評価される可能性があります。基本給設定基準は，業務に関連性のある客観的・具体的な基準とすることが肝要です。

8 成果・業績給を導入する場合の注意点

Q8 売上高に連動する成果・業績給を採用しています。不合理な待遇にならないためには，どのような注意点が必要ですか。

A

1．概　要

正社員と同一の売上等の成果を出しているパートタイム・有期契約社員には，同一の支給をしなければなりません。成果に違いがある場合は，その相違に応じて支給しなければなりません。

また責任の程度を考慮する場合は，個々に判断する必要があります。

2．判断基準

(1) ガイドライン

基本給であって，労働者の業績又は成果に応じて支給するものについて，通常の労働者と同一の業績又は成果を有する短時間・有期雇用労働者には，業績又は成果に応じた部分につき，通常の労働者と同一の基本給を支給しなければならない。また，業績又は成果に一定の相違がある場合においては，その相違に応じた基本給を支給しなければならない。

なお，基本給とは別に，労働者の業績又は成果に応じた手当を支給する場合も同様である。

(2) 問題とならない例①

> 基本給の一部について，労働者の業績又は成果に応じて支給しているA社において，所定労働時間が通常の労働者の半分の短時間労働者であるXに対し，その販売実績が通常の労働者に設定されている販売目標の半分の数値に達した場合には，通常の労働者が販売目標を達成した場合の半分を支給している。

(3) 問題とならない例②

> A社においては，通常の労働者であるXは，短時間労働者であるYと同様の業務に従事しているが，Xは生産効率及び品質の目標値に対する責任を負っており，当該目標値を達成していない場合，待遇上の不利益を課されている。その一方で，Yは，生産効率及び品質の目標値に対する責任を負っておらず，当該目標値を達成していない場合にも，待遇上の不利益を課されていない。A社は，待遇上の不利益を課していることとの見合いに応じて，XにYに比べ基本給を高く支給している。

(4) 問題となる例

> 基本給の一部について，労働者の業績又は成果に応じて支給しているA社において，通常の労働者が販売目標を達成した場合に行っている支給を，短時間労働者であるXについて通常の労働者と同一の販売目標を設定し，それを達成しない場合には行っていない。

3．成果・業績給の実態と責任の程度

(1) 趣旨と採用率

仕事の成果を賃金に反映するものとして業績賞与，業績手当，成果・業績給等があります。成果としてとらえる指標には売上高，作業量，そして稼働量等があり，小売業の店舗，運送業，直販の営業職においてよく採用されています。売上高等を月単位で締めて，その金額に一定係数をかけて算出するのが一般的です。そのために売上等を獲得した努力等に報いるので，モチベーションアッ

プにつながり，インセンティブ的性質の高い賃金制度といえます。

⑵　成果の反映と責任の程度

成果給・業績給は上述したようにインセンティブ的性質がある一方で，売上高に対する責任への対価という性質も持つと考えられます。小売業の店長の成果・業績給が代表例であり，予算対比又は目標達成度に応じて算出されます。

また同一労働同一賃金を考える上で責任の程度は重要な要素ですが，代表例として売上高等の結果責任と業務遂行責任があります。例えば店長には店舗の売上高をマネジメントするという責任があります。その責任を持つために目標よりも売上高等が下がった場合は，成果・業績給も下がるという不利益が課せられていることがあります。これは店長という職務の内容には，ある程度の高度性を持っていると同時に結果責任が含まれているからです。

一方，店舗で働く一般社員には店長のような売上の結果責任は持たされず，与えられた業務遂行の責任のみが与えられる例があります。少々極端な例になりますが，与えられた仕事は定型的なもので，マニュアルに従ってすぐにできる職務というものもあります。このような場合，その責任は店長ほど重くなく，売上減に伴う不利益は課せられていないのが一般的です。したがって店長よりも低い業績手当等が支給される例はあります。

この相違は責任の程度の差からくるものと考えられ，不利益の差を考慮して，一般職よりも店長の成果・業績給の方が高額な場合もあり得ます。

4．質問に対する回答

業務の内容や責任の程度によっても成果・業績給の設定は変わってくると考えられます。ガイドラインに示されているように，勤務時間に応じた仕組みの検討や，不利益の程度と責任の程度の均衡を考えた上で成果・業績給の設定に違いが生ずることは，不合理ではないと考えられます。

9 勤続給に違いがあっても問題はないか

Q9 正社員には勤続給を採用し，勤続年数に応じて賃金を支払っています。パートタイム・有期契約社員にも勤続給を採用していますが，１年間の有期雇用を原則としているために，契約を更新しても実際の昇給はありません。そのために同じ勤続年数であるにもかかわらず，勤続給について差が生じていますが問題でしょうか。

A

１．概　要

パートタイム・有期契約社員の場合，雇用期間を１年と定めていても雇用契約を更新して長期雇用になる例が見られます。このような場合，勤続給の勤続年数は，更新された直近の契約のスタートからとらえるのではなく，初めて採用した時から勤続年数をとらえ，それをもとに勤続給を決めます。

２．判断基準

⑴　ガイドライン

> 基本給であって，労働者の勤続年数に応じて支給するものについて，通常の労働者と同一の勤続年数である短時間・有期雇用労働者には，勤続年数に応じた部分につき，通常の労働者と同一の基本給を支給しなければならない。また，勤続年数に一定の相違がある場合においては，その相違に応じた基本給を支給しなければならない。

<問題とならない例>

> 基本給について，労働者の勤続年数に応じて支給しているＡ社において，期間の定めのある労働契約を更新している有期雇用労働者であるＸに対し，当初の労働契約の開始時から通算して勤続年数を評価した上で支給している。

<問題となる例>

> 基本給について，労働者の勤続年数に応じて支給しているA社において，期間の定めのある労働契約を更新している有期雇用労働者であるＸに対し，当初の労働契約の開始時から通算して勤続年数を評価せず，その時点の労働契約の期間のみにより勤続年数を評価した上で支給している。

３．勤続給の趣旨

勤続給とは，勤続年数に応じて決定される賃金であり，一般的にみて年数に比例して職務遂行能力も向上します。このことを習熟といい，多くの職場において社員の能力形成の過程でみられます。それを能力の面でみれば職務遂行能力と表現され，身体を使った作業面でみれば技能力といわれます。

技能力が要求される例として，工場等におけるラインの作業があります。その内容は繰り返しが多く，比較的単純な作業ですが，すべての仕事を誰でもすぐにできるということは少なく，ある程度の経験が必要です。経験時間と技能力の向上は比例関係にあり，勤続年数に比例して向上した技能力を賃金に反映する賃金，それが勤続給と考えられます。つまり勤続給の本質は，勤続年数に比例して習熟する技能力等への対価といえます。

一方，勤続給には別の趣旨があります。それは勤務の継続を奨励することです。より長く勤務して技能力の習熟が増すのであれば，生産性は向上します。また賃金の上昇により社員のモチベーションがアップしますので，より長く働こうとします。このように勤続給を導入することにより，優秀な社員の継続的な雇用と人材の確保が実現でき，労使双方にメリットがあります。この点にも勤続給の趣旨目的があると考えられます。

なお，勤続給は他の賃金制度と併用して基本給を構成し，その合計額が最低標準生計費を上回るように設計されるのが，正社員の賃金制度ではみられます。

4．パートタイム・有期契約社員の実態

勤続給を正社員に導入する企業は，昔に比べて少なくなってきました。業務内容が裁量労働的なものにシフトしたためです。しかしパートタイム・有期契約社員に対しては，工場などの現業部門等で採用している例があります。

5．質問に対する回答

勤続給は年功的性質を持っていることから採用する企業は減ってきています。しかし，パートタイム・有期契約社員の賃金体系の一部に取り入れている例はあります。その理由は，習熟した技能等に報いるため，優秀な社員の継続的な雇用を促進するため，そしてモチベーションアップのためと考えられます。

その期間のとらえ方は，判断基準のガイドラインの「問題とならない例」に示されているように，契約の更新があったときは最初の契約の時からとなります。したがって，その期間による勤続給を支払う必要があります。

10 昇給をどのようにすればよいか

Q10 毎年４月の正社員の昇給は，弊社で導入している職能給制度に基づいて行っています。パートタイム・有期契約社員は時給制のために，この数年間昇給していませんが問題はありますか。

A

１．概　要

昇給に関しても均等待遇と均衡待遇の考え方は適用となり，昇給が勤続による能力向上に応じて行われる場合，正社員に対してだけでなく，パートタイム・有期契約社員に対しても同じ昇給をしなくてはなりません。また能力の向上に一定の違いがある場合は，その相違に応じた昇給をしなければなりません。単に時給制であることを理由に，パートタイム・有期契約社員の昇給をしないと，その扱いは不合理と判断される可能性があります。

２．判断基準

⑴　ガイドライン

昇給であって，労働者の勤続による能力の向上に応じて行うものについて，通常の労働者と同様に勤続により能力が向上した短時間・有期雇用労働者には，勤続による能力の向上に応じた部分につき，通常の労働者と同一の昇給を行わなければならない。また，勤続による能力の向上に一定の相違がある場合においては，その相違に応じた昇給を行わなければならない。

⑵　学　説

次のような考え方も示されています。

> 昇給は，一般的に，勤続による職業能力の向上に応じた定期昇給と，物価上昇や会社の業績等を考慮したベースアップから構成されることが多い。ガイドラインは，このうち，定期昇給部分（勤続による職業能力の向上に応じた昇給部分）について，短時間・有期雇用労働者にも同様に昇給（勤続による職業能力の向上が同一の場合は同一の昇給，一定の違いがある場合は相違に応じた昇給）を行うことを求めている。これは，勤続による職業能力の向上に特に違いがあるとはいえないような場合には，短時間・有期雇用労働者にも正社員と同じ定期昇給を行うことを求めているものである。
>
> 水町勇一郎『同一労働同一賃金のすべて（新版）』101頁より要約抜粋（有斐閣，2019年）

(3) 裁判例　メトロコマース事件（最高裁令2. 10. 13判決，東京高裁平31. 2. 20判決）

昇給に関する裁判例として，メトロコマース事件があります。正社員は月給制で昇給がありますが，契約社員は時給制で更新時に時給をアップしましたが，不合理ではないと判断されました。

3．昇給の仕組みと実態

昇給を毎年定期的に行う企業が多いのですが，一般的には資格等級制度と賃金表を連動させることで行われます。資格等級制度は，職能給であれば職能資格制度，職務・役割給であれば職務・役割基準制度が整備され，資格等級ごとにその期待レベルがまとめられます。

一方，個々の社員の基本給を決めるのは，賃金制度に定められる賃金表です。代表的なものとして等級号俸方式の賃金表がありますが，資格等級制度の等級分の表が設定されます。この等級を介して資格等級制度と賃金表が連動することになりますが，等級の差は賃金表において昇給額の差となって示されます。つまり等級が高いほど，昇給額は高くなるのが一般的です。

昇給に関して正社員とパートタイム・有期契約社員との間で，均等待遇と均衡待遇を確保するには，「能力レベルを整備した資格等級制度と賃金表の関係

【図表1】資格等級と昇級の相異

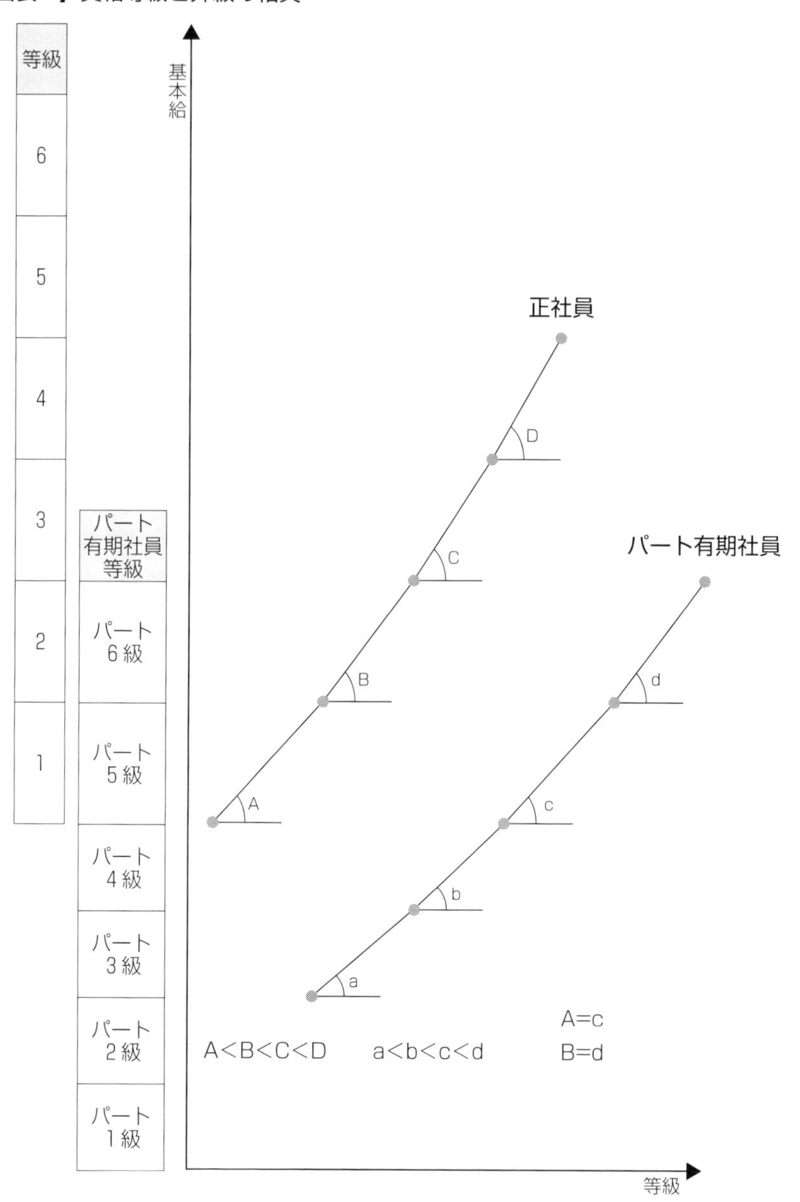

を明確にした人事制度」を検討し，正社員だけではなくパートタイム・有期契約社員に関しても資格等級制度と賃金表を整備することが，重要であると考えられます。この考え方を整理したのが，図表1です（前頁参照）。

等級の差は昇給額の差となり，高い等級ほど高い昇給額となるので，賃金カーブを描くと，凹型の形状となります。なお昇格給は省略しています。

正社員とパートタイム・有期契約社員の資格等級が重複する部分と一致しない部分があるケースでは，重複する部分は勤続による職業能力の向上が同じになります。一方，一致しない部分は正社員の上位等級において，そしてパートタイム・有期契約社員では下位等級でみられ，勤続による職業能力の違いがあるところと考えられます。したがって，賃金表で適正な数理設計がされていれば，正社員の上位等級の昇給額と，パートタイム・有期契約社員の下位等級の昇給額が異なっていても，違いに応じた均衡待遇と考えることができます。

4．パートタイム・有期契約社員の実態

パートタイム・有期契約社員の資格等級制度が整備されている例は少なく，専用の賃金表まで整備している例も少ないといえます。

また賃金体系は月給制ではなく，時給制が多いのが現状です。これは，パートタイマーは，個々によって勤務時間が異なるためです。

5．質問に対する回答

月給制である正社員の昇給は，一般に毎年の賃上げ労使交渉等の世間相場を参考にして決められます。

一方，パートタイム・有期契約社員は1年以下の有期雇用であることが多く，雇用契約の更新がされても正社員のような昇給がない例がみられます。

しかしガイドラインでは，昇給に関しても正社員との均等待遇と均衡待遇が求められることになりました。したがって雇用契約を更新するとき，時給制であることや有期雇用であることを理由に昇給させないと，不合理と判断される可能性があります。

11 役職手当をどうするか

Q11　パートタイム・有期契約社員の中には優秀な者がおり，それらの者を主任やリーダー等の役職に就かせています。将来は課長などの管理職に昇進させることも検討しています。このような場合，パートタイム・有期契約社員の役職手当は正社員と金額を同じくしなければならないのですか。パートタイム・有期契約社員であることを理由に，低くしてもよいのかについて教えてください。

A

1．概　要

役職手当は，役職の内容や責任が正社員とパートタイム・有期契約社員で同じであれば同じ役職手当を，違いがあれば違いに応じた手当を支給しなければなりません。

2．判断基準

(1)　ガイドライン

役職手当であって，役職の内容に対して支給するものについて，通常の労働者と同一の内容の役職に就く短時間・有期雇用労働者には，通常の労働者と同一の役職手当を支給しなければならない。また，役職の内容に一定の相違がある場合においては，その相違に応じた役職手当を支給しなければならない。

(2)　最高裁判例

長澤運輸事件（最高裁平30. 6. 1判決）では，次のような判断が示されました。

① **賃金項目ごとの趣旨の考慮**

「賃金が複数の賃金項目から構成されている場合，個々の賃金項目に係る賃金は，通常，賃金項目ごとに，その趣旨を異にする。賃金の総額を比較することのみによるのではなく，その賃金項目趣旨を個別に考慮すべき。」

② **役職手当について**

「役付手当は，正社員の中から指定された役職者に対して支給されるものであるから，役職を指定された正社員に支給し，指定されない嘱託者に支給しないことは違反しない。」

3．役職手当の定義と趣旨

(1) 役職手当とは

責任のあるポストに支給される手当であり，管理職の場合は事業部長，部長，次長，課長，店長，副店長等に対する手当が代表的です。また主任，リーダーのように，非管理職のポストに支給されるケースもあります。

(2) 役職手当の趣旨

① **職制上の責任に対するもの**

役職手当の趣旨は，職制上の責任に対して支給されるものと考えられます。例えば課長は課という組織をマネジメントする責任があり，部下への業務指示命令や部下からの上申に対する決裁権などの職責を持ちます。

また管理職でない役職もあり，例えば主任や班長等のように，少人数グループのリーダー的な責任に対して与えられるものです。それは工場の現場やソフト開発のプロジェクトチーム等でもよくみられます。

② **使用者により役職が指定されたこと**

他の手当と異なる役職手当の特徴として，使用者がその役職に就くことを指定することが挙げられます。したがってその指定がない限り，役職に就くことはなく，手当が支給されることもないと考えられます。

4．手当額の実態

役職手当の金額は，ポストが上位になるに従って高くなります，その実態を図表１に示します。

【図表１】役職手当の実態

役職手当の平均支給額 〔単位：円〕

役職	部長	次長	課長	課長代理	係長
手当額	90,692	70,714	54,471	40,254	18,754

出典：労務行政研究所「諸手当の支給に関する実態調査」(2018年)

5．パートタイム・有期契約社員への役職手当の付与実態

パートタイム・有期契約社員を役職に就かせて役職手当を支給する例はあります。例えば小売店等において，店長や副店長等の管理職に就かせている場合があります。また工場等の現場では，主任やグループリーダーをパートタイム・有期契約社員が担当している例もみられます。しかし，非正規であることを理由に，手当が正社員よりも低い例がみられます。

6．質問に対する回答

(1) 回　答

① 役割の内容と責任の範囲・程度について

まず正社員とパートタイム・有期契約社員の役職の内容について確認することが重要です。

例えば両者の主任クラスの役職者に対して，「経営計画における自部門の業務遂行」の役割が同じように与えられていた場合は，役職手当は同じくしなければなりません。同じ役割を与えていながら，パートタイム・有期契約社員の手当が低い場合は，不合理であるという判断がなされます。

一方，正社員には，「経営計画における自部門の業務遂行」や「経営計画等の予算案の提案」，「部下への人事権」等の役割を与えているが，パートタイ

ム・有期契約社員には「経営計画における自部門の業務遂行」のみを与えているケースもあります。このように，役職の内容に違いがあるとき，手当もそれに応じて適正な違いであれば，問題はないと考えられます。

② 役職の指定について

役職手当の対象となる役職とは，使用者の人事権の行使により指定されるものという判断基準が示されました。辞令等があれば，パートタイム・有期契約社員にも役職手当は支給しなければなりません。パートタイム・有期契約社員に役職を与えながら，手当を支給しないことは不合理と考えられます。

(2) 相違が不合理ではないとみられる事例

ガイドラインによれば，役職の内容に違いがあれば，手当に相違を設けることは可能といえます。その例として，次のようなものが考えられます。

① 予算の規模が異なる

同じ店長でありながら，年間の売上規模が正社員とパートタイム・有期契約社員の店舗では大きく異なり，小規模の店を担当するパートタイム・有期契約社員の手当よりも，大規模の店を担当する正社員の手当が高額である。

② チームや部下の人数が異なる

同じ主任でありながら，正社員は20名のメンバーをまとめているが，パートタイム・有期契約社員は５名のメンバーをまとめている。パートタイム・有期契約社員よりも正社員の手当の方が高い。

12 家族手当をどうするか

Q12 家族手当を正社員に支給していますが，パートタイム・有期契約社員には支給していません。問題はありますか。

A

1．概　要

家族手当の趣旨は扶養家族がいる社員への生活補助と考えられます。正社員と同一の支給要件を満たすパートタイム・有期契約社員には，同一の家族手当を支給しなければならないと考えられます。ただし，定年退職後の嘱託社員に関しては，定年退職をしたこと，その他の事情を個々に考慮した判断となり，支給しなくとも不合理とはいえない場合も考えられます。

2．判断基準

(1) 井関松山製造所事件（最高裁令3. 1. 19判決，高松高裁令元. 7. 8判決）

最高裁は上告された本件を棄却し，以下の高松高裁の判決が確定しました。

正社員には家族手当を支給し，有期契約社員には家族手当を支給していなかった事案につき，

「家族手当は生活補助的な性質を有しており，職務内容とは無関係に，扶養家族の有無，属性及び人数に着目して支給されている。配偶者及び扶養家族がいることにより生活費が増加することは有期契約労働者であっても変わりはない。正社員に家族手当を支給するにもかかわらず，有期契約社員に家族手当を支給しないことは不合理である」

という第一審の結論を維持しました。

(2) 日本郵便（大阪）事件（最高裁令2．10．15判決）

家族手当に関して最高裁は次のような判断をしました。

「第1審被告において，郵便の事業を担当する正社員に対して扶養手当が支給されているのは，上記社員が長期にわたり継続して勤務することが期待されることから，その生活保障や福利厚生を図り，扶養親族のある者の生活設計等を容易にさせることを通じて，その継続的な雇用を確保するという目的によるものと考えられる。このように，継続的な勤務が見込まれる労働者に扶養手当を支給するものとすることは，使用者の経営判断として尊重し得るものと解される。もっとも上記目的に照らせば，本契約社員についても，扶養親族があり，かつ，相応に継続的な勤務が見込まれるのであれば，扶養手当を支給することとした趣旨は妥当するというべきである。…

上記正社員と本件契約社員との間に労働契約法20条の所定の職務の内容や当該職務の内容及び配置の変更の範囲その他の事情につき相応の相違があることを考慮しても，両者の間に扶養手当に係る労働条件の相違があることは不合理であると評価することができるものというべきである。

したがって，郵便の業務を担当する正社員に対して扶養手当を支給する一方で，本件契約社員に対してこれを支給しないという労働条件の相違は，労働契約法20条にいう不合理と認められるものに当たると解するのが相当である。」

と判断しました。

(3) 学　説

正社員と同一の支給要件を満たすパート社員には，同一の家族手当を支給しなければならない。

水町勇一郎『同一労働同一賃金のすべて（新版）』112頁より要約抜粋（有斐閣，2019年）

3．手当の支給実態と趣旨

(1) 支給実態

家族手当とは生活補助的な意味合いで支給する手当であり，製造業では78.8％，非製造業では69.6％の企業で支給されています（労務行政研究所「諸手当の支給に関する実態調査」(2018年))。

手当額は扶養される家族の対象者を特定して決めているケースが多いといえます。その代表例が配偶者と子ですが，それ以外の扶養関係にある親族，例えば親等を対象としている例もあります。

【図表１】家族手当の実態

（単位：円）

	労務行政研究所	人事院	東京都	連合
配偶者	13,805	13,422	10,733	15,381
配偶者＋子１人	19,310	19,651	16,357	22,967
配偶者＋子２人	24,737	25,339	21,599	29,992

出典：労務行政研究所「諸手当の支給に関する実態調査」(2018年）より編集

家族手当の金額水準は，図表１に示すように，配偶者については10,000円～15,000円程度，子については１人につき5,000円から7,000円弱程度です。この金額は企業規模によって異なり，大企業になるほど高額になる傾向にあります。

(2) 家族手当の支給趣旨

家族手当は従業員の家族を扶養するための生活費に対する補助であり，労務を金銭的に評価して支給されるものではなく，従業員に対する福利厚生及び生活保障の趣旨で支給されるものです。扶養家族が多くなれば生活費の額は増加しますので，家族手当は通常，扶養家族の人数に応じた支給となります。

賃金は労働の対価として支給されるものという労働基準法の考え方があります。これに対して家族手当は本人の会社への貢献に関係なく支給されるので，賃金の根本趣旨と矛盾するのではないかという指摘もありました。その結果，家族手当は歴史的使命を果たしたとして，廃止する企業が現れました。

しかし，その一方で日本の少子高齢化が進んできた今，この社会問題の解決に民間企業も寄与しようとする動きがあり，家族手当の充実化，特に子に対する手当の増額をする例も増えてきました。

このように家族手当の支給をめぐって，その考え方についての変遷がありますが，その根底にある扶養する家族とその人数に応じた生活の補助という趣旨に変わりはないと考えられます。

(3) 扶養関係の判断基準

給与所得者と家族が扶養関係にあるかどうかは，扶養される者の収入で判断されます。その判断基準として最も多いのが，所得税法上の控除対象の限度額で，52.6％の企業がこれを採用しています。この他に健康保険の扶養条件等を採用している例が31.1％，その他の条件が17.9％です（労務行政研究所「諸手当の支給に関する実態調査」（2018年）より編集）。

また子供を対象とした支給条件の１つに，子供の年齢がありますが，多いのが18歳までと22歳までです。この年齢のとらえ方として，18歳到達年度の末日まで，つまり３月31日までとする例もあります。その理由は，満年齢とすると学校在学中に家族手当が途切れる可能性がありますので，卒業まで手当を支給するためです。就学も条件の１つであり，多くは高校，専門学校，短大，大学等の学校に在籍する事を条件としています。

4．パートタイム・有期契約社員の実態

正社員とパートタイム・有期契約社員との間において，生活補助の対象となり得る家族の実態に相違はないと思われます。したがって扶養関係や子供の年齢条件，そして就学条件が，そのまま正社員の支給条件に合致する例はあると考えられます。しかしパートタイム・有期契約社員に家族手当を支給している企業は，2.3％と非常に少ない状況です（厚生労働省「平成28年パートタイム労働

者総合実態調査の概況」)。

なお，子の手当を支給する場合，注意を要するケースがあります。それは，世帯を単位とした手当の支給という考えです。例えば，夫は正社員であり，妻はパートタイマーとして働いていたとします。夫の給与に家族手当が支給されていた場合，さらに妻にも子の家族手当を支給することになると，ダブル支給となります。これを認めるかどうかは，労使間の話し合いによると思われますが，子に関する家族手当は世帯を単位とし，夫又は妻のいずれかでよいという考え方もあります。

この考え方を採用する場合，家族手当は世帯の主たる生計維持者のみに支給する旨を，就業規則や賃金規程に明記しておかないと，パートタイム・有期契約社員の妻に家族手当を支給しないと，不合理な待遇格差と評価されてしまうと思われます。そのような明記をした結果，子に対する家族手当は，正社員には支給するが，パートタイム・有期契約社員には支給しないという例が出てくると思われます。

5．質問に対する回答

井関松山製造所事件（高松高裁令元. 7. 8判決）によると，家族手当は職務内容と関係なく，生活費の補助という福利厚生的な意味合いで支給されている場合，その支給趣旨は正社員だけではなくパートタイム・有期契約社員にも当てはまり，パートタイム・有期契約社員に支給しないことは不合理であると判断しました。

また日本郵便（大阪）事件（最高裁令2. 10. 15判決）でも，扶養手当が生活保障や福利厚生を図って家族の生活設計を容易にさせることから，その目的に照らせれば，扶養家族があり，相応に継続的な勤務が見込まれるのであれば，扶養手当を支給する趣旨は妥当であるとしています。

したがって，正社員に家族手当を支給していながら，非正規社員に家族手当を支給しない場合は，不合理であるといえます。

13 住宅手当をどうするか

Q13 正社員は転居を伴う人事異動（以下，この設問においては「転勤」といいます）があるために住宅費が相当にかかっていることから住宅手当を支給しています。しかし，パートタイム・有期契約社員は転勤がないために，住宅手当を払っていません。同一労働同一賃金の法改正に伴い，同一の手当を支給しなければなりませんか。

A

1．概　要

住宅手当の支給要件として，世帯主か否か，扶養家族の有無，住宅の賃借，住宅ローンの返済，勤務地等によって住宅手当の支給要件が定められている場合，正社員と同一の支給要件を満たすパートタイム・有期契約社員には，同一の支給をしなければならないと考えられます。

ただし，正社員には転勤の可能性があり，転勤に伴う住宅費負担の程度によって正社員には支給するが，パートタイム・有期契約社員に転勤が考えられないようなケースでは支給しなくてもよい場合も考えられます。

2．判断基準

(1) 学　説

住宅手当については，通常の労働者と同一の支給要件（既婚の世帯主，扶養家族の有無，住宅の賃貸または持ち家のローン返済，勤務地など）を満たす短時間・有期雇用労働者には，同一の支給をしなければならない。

水町勇一郎『同一労働同一賃金のすべて（新版）』111～112頁より要約抜粋（有斐閣，2019年）

(2) 裁判例　※いずれも労契法20条違反の有無が争われた事案

① ハマキョウレックス事件（最高裁平30. 6. 1判決）

最高裁は次のように，契約社員に支給しないことは違法ではないと判断しました。

「住宅手当は従業員の住宅に要する費用を補助する趣旨で支給されるもの。契約社員は就業の場所の変更が予定されていないのに対し，正社員は転居をともなう配転が予定されており，契約社員と比較して住宅に要する費用が多額となりえる。したがって，契約社員に住宅手当を支給しないことは，労働契約法20条に違反しない。」

② メトロコマース事件（最高裁令2. 10. 13判決，東京高裁平31. 2. 20判決）

正社員には，扶養家族によって金額が異なる住宅手当を一律支給し，契約社員には扶養家族の有無にかかわらず住宅手当を支給していませんでした。

「正社員であっても転居を必然的に伴う配置転換は想定されていないものであるから，正社員に住宅手当を支給し，契約社員に支給しないのは不合理である。」

という東京高裁の原判決が最高裁判決で維持されました。

③ 井関松山製造所事件（最高裁令3. 1. 19判決，高松高裁令元. 7. 8判決）

最高裁は上告された本件を棄却し，以下の高松高裁の判決が確定しました。

「正社員には，民営借家，公営住宅，持家に住居する者に支給して一律支給ではない。民営借家の場合は高額である。有期契約労働者には住宅手当を支給していなかった。住宅手当は住宅費用の負担を補助する趣旨であり，有期契約労働者であっても住宅費用を負担する場合があることに変わりはない。正社員に住宅手当を支給し，有期契約社員に住宅手当を支給しないのは不合理である。」

3．住宅手当の定義と趣旨及びその実態

(1) 定　義

住宅手当は住宅費用の補助であり，家族手当とともに生活補助的な目的で支

給されるものです。また人事異動による転居の負担を考慮して支給されるものです。

(2) 手当の趣旨

住宅手当は上述のとおり，人事異動によって転居が必要となった場合，そこで発生する住宅費の負担の軽減を図るとともに，社宅に入れる者と入れない者との公平を図るために支給されると考えられます。さらに住宅費の負担を軽減することにより，福利厚生を図り，長期にわたって勤務する動機付けをすることを目的として設けられたものです。

(3) 住宅手当の一般的な支給要件と支給水準

① 一般的な支給要件

労務行政研究所の「諸手当の支給に関する実態調査（2018）」によると，住宅手当の支給の判断基準は次のようになっており，複数の組み合わせになっているケースもあります。

a 世帯主か非世帯主か

b 扶養者の有無

c 単身者か否か

d 親元同居か否か

e 都市部や一定地域にあるか

f 管理職か非管理職か

g 上記基準にかかわらず一律支給

② 世帯主か非世帯主か

住宅手当の支給要件を世帯主か非世帯主かで区分し，世帯主のみに支給している例があります。また非世帯主にも支給しますが，手当額を世帯主よりも低額にしている例があります。

注意点は非世帯主に対する支給事例であり，基本的に住宅手当は住居費負担への補助的な意味合いがありますが，非世帯主にこの負担が生じているかどうかという問題です。本来の住宅手当の趣旨からみると，乖離が生ずることが考えられます。

③ 扶養家族の有無と単身か

扶養家族の人数は，住宅手当の金額に関係します。住居の広さは家族の人数に比例し，広くなれば住居費も高額になり，手当も高く設定されます。

④ 都市部や一定地域か

住居費は都市部を中心に高騰していますが，それ以外のエリアではさほど高くなく，支給対象者を指定した都市や地域の事業所に限定している例があります。

⑤ 管理職か非管理職か

管理職へ支給している理由として，管理監督者は幅広いマネジメント能力が要求され，その職能を習得するには人事異動等による職種の変更が必要です。それに転居を伴うものもあり，その結果，住居費は他の者よりも高くなると考えられるからです。

⑥ 一律支給

この支給方法は，社員の住宅の事情にかかわらず，一律に支給するものです。全体で15.9％の企業で行われています。

同一労働同一賃金がパートタイム・有期契約社員に問われた場合，均等待遇の観点からすれば，全員のパートタイム・有期契約社員にも支給しなければならないと考えられます。

4．パートタイム・有期契約社員の実態

住宅事情に関しては，パートタイム・有期契約社員も正社員も相違はないと考えられますが，パートタイム・有期契約社員に対して，住宅手当を支給している企業は少ないといえます。厚生労働省の「平成28年パートタイム労働者総合実態調査の概況」によると，パートタイマーへの支給率は，1.5％です。

5．質問に対する回答

(1) 一般的な支給要件の場合

転居を伴うような人事異動がない企業で，世帯主か否か，扶養家族の有無及び指定都市での居住等を支給基準とし，この条件を満たす正社員に住宅手当を支給しているのであれば，パートタイム・有期契約社員にも支給しなければならないと考えられます。

転居を伴うような人事異動がない企業では，名目的に転勤の有無を手当の支給要件にした上で，正社員にのみ住宅手当を支給することは不合理と考えられます。

(2) 転居を支給要件とした場合

ハマキョウレックス事件（最高裁平30. 6. 1判決），日本郵便（東京）事件（最高裁令2. 10. 15判決）のように，住宅手当の支給趣旨が人事異動の転居に伴う住宅費の負担に対するものである場合，転勤が支給条件になります。

したがって，正社員は転居を伴う人事異動をすることがあるが，パートタイム・有期契約社員には転勤がない場合，正社員には住宅手当を支給し，パートタイム・有期契約社員には支給しないことは，不合理ではないと考えられます。

(3) 注意を要する住宅手当の支給要件

本来の支給趣旨と一致せずに形式的に支給している手当は，統廃合の検討の余地があると考えます。その代表的な例が，非世帯主や一律支給の住宅手当です。

このような条件の下で正社員に支給していれば，パートタイム・有期契約社員にも同条件で支給しなければならなくなります。支給趣旨と支給実態との乖離をなくすことについても留意が必要です。

14 地域手当の設定の注意点とは

Q14 ある会社では，国内各地に事業所を設けており，パートタイム・有期契約社員については，基本的に全員同じ仕事をしていますが，時給単価は勤務地ごとの最低賃金に沿って設定し，異なっています。この地域間の差は，同じパートタイム・有期契約社員の間で同一労働同一賃金の観点から問題になりますでしょうか。また，正社員とパートタイム・有期契約社員の間では問題になりますでしょうか。

A

1．概　要

パートタイム・有期雇用労働法では，パートタイム・有期契約社員の待遇について通常の労働者（正社員）との間で不合理な相違を設けることを禁止しています。そのため，パートタイマーや有期契約社員同士での地域間の差は同一労働同一賃金に関する法規制の対象とはなりません。

正社員とパートタイム・有期契約社員間でみた場合，ともに転勤があり，正社員のみ全国同一の賃金設定で地域間の差がないときは，職務内容等の違いの有無によっては不合理な待遇差として問題となることも考えられます。

2．判断基準

(1)　ガイドラインの内容

ガイドラインでは，この地域手当に関し，次のとおり示されています。

> ⑽ 特定の地域で働く労働者に対する補償として支給される地域手当
> 通常の労働者と同一の地域で働く短時間・有期雇用労働者には，通常の労働者と同一の地域手当を支給しなければならない。

このように正社員と同じ勤務地で働くパートタイマーや有期契約社員にも同一の支給を求めています。これは特定の地域の生計費や物価水準の高さ等による負担増を補償するために支給される地域手当の性質や目的を考慮すると，雇用形態の違いに関係なく，同一の支給がなされるべきという考えに基づいています。

その上で，支給の相違を設ける場合で，問題とならない例と問題となる例が１つずつ示されています。

⑵ ガイドラインによる例

＜問題とならない例＞

> A社においては，通常の労働者であるXについては，全国一律の基本給の体系を適用し，転勤があることから，地域の物価等を勘案した地域手当を支給しているが，一方で，有期雇用労働者であるYと短時間労働者であるZについては，それぞれの地域で採用し，それぞれの地域で基本給を設定しており，その中で地域の物価が基本給に盛り込まれているため，地域手当を支給していない。

＜問題となる例＞

> A社においては，通常の労働者であるXと有期雇用労働者であるYにはいずれも全国一律の基本給の体系を適用しており，かつ，いずれも転勤があるにもかかわらず，Yには地域手当を支給していない。

つまり，正社員にのみ地域手当を支給する場合，地域採用のパートタイム・有期契約社員については地域の物価水準等がすでに基本給へ織り込まれて設定されているようなときは問題とはなりませんが，正社員・パートタイム・有期契約社員のいずれも全国一律で基本給が決定されており，かつともに転勤があるようなときは地域手当の不支給は不合理な待遇差として問題になると考えられます。

3．勤務地による賃金の違いについて

最低賃金とは，最低賃金法に基づき国が賃金の最低額を定め，使用者に対し，その最低賃金額以上の賃金を労働者に支払うことを義務付けた制度です。最低賃金には，各都道府県別に定められた「地域別最低賃金」と，特定の産業に従事する労働者を対象に定められた「特定（産業別）最低賃金」の２種類があります。

この地域別最低賃金は，生計費や賃金水準等をもとに決定されており，各地域の実情を反映していることから，今回のご質問のようにパートタイム・有期契約社員の時給単価を決める際の参考にしている企業も多くみられます。

一方，通常月給制をとる正社員については，勤務地により生活・物価水準が高くなる場合にその負担を補償するものとして基本給とは別に地域手当を支給している企業が見られます。労政時報（第3956号，2018年８月）の調査によると，約３割の企業が地域給・地域手当を支給しているという結果が出ています。

4．質問に対する回答

ご質問にあるように，パートタイム・有期契約社員が基本的に同じ仕事をしているのに勤務地による賃金差があることについて，まず同じパートタイム・有期契約社員間でみた賃金格差に関しては，正社員との待遇差を規定した新パートタイム・有期雇用労働法の規制の適用外となります。

次に正社員とパートタイム・有期契約社員間でみたときですが，正社員にも地域の物価水準等を考慮し，手当を支給するケースであれば，ガイドラインにも記載されているとおり，不合理性で問題となることはないものと思われます。

一方，正社員は特に地域手当等の支給はなく，全国一律の賃金体系をとっていて，パートタイム・有期契約社員のみ地域別に最低賃金に基づき時給設定しているケースを考えてみます。この場合，正社員には転勤があり，パートタイ

ム・有期契約社員は地域限定で雇用されているのであれば，正社員について転勤による賃金変動を回避するために全国一律の賃金体系をとる必要性はあろうかと思われます。

しかし，パートタイム・有期契約社員も正社員と同様に転勤があるというケースですと，パートタイム・有期契約社員のみ地域間格差が生じ，特に時給単価の低い地域に勤めるパートタイム・有期契約社員について，全国一律の正社員と比べると賃金格差が他の地域よりも大きくなります。この場合，正社員と，その時給単価の低い地域のパートタイム・有期契約社員の職務内容等の違いによっては，その賃金の不均衡について不合理性が問われる可能性が出てくると考えられます。

15 特殊勤務手当について

Q15　夜の特殊勤務のある事業所で，正社員は通常の勤務に加えて特殊勤務に就くことがあります。しかし，特殊勤務のある日が毎月あるとは限らないので，特殊勤務を行ったときに特殊勤務手当を支払っています。一方，パートタイム・有期契約社員は必ず特殊勤務をする契約になっていることから，基本給に含める契約になっているので，別に特殊勤務手当を支払っていません。問題はありますか。

A

1．概　要

ご質問の特殊勤務手当は，その性質と支給の目的に照らして，正社員とパートタイム・有期契約社員との間で相違を設けることが不合理となる待遇に当たります。双方共に特殊勤務がある正社員，パートタイム・有期契約社員間にあって，正社員に特殊勤務手当の支給が行われているならば，原則としてパートタイム・有期契約社員にも同一の支給を行わなければなりません。ただし，特殊勤務手当に相当する金額が基本給に盛り込まれていることが明らかな場合は，すでに同じ趣旨の待遇に処せられていると理解できますので，待遇に不合理な相違があるケースには該当しないものと考えられます。

2．判断基準

(1)　パートタイム・有期雇用労働法第８条

待遇（手当の支給の有無など）のそれぞれについて，その性質と目的に照らして，通常の労働者パートタイム労働者・有期雇用労働者の間に不合理な相違を設けてはならないと規定しています。

(2) ガイドライン

ガイドラインでは，交替制勤務など勤務形態に応じて支給される特殊勤務手当は，通常の労働者（正社員）と短時間・有期雇用労働者と同一の支給をしなければならないと示されています。ただし，特殊勤務手当と同一の負荷分に対する支給が基本給に盛り込まれている場合は，問題にならないとされています。

(3) 裁判例 ※いずれも労契法20条違反の有無が争われた事案

① ハマキョウレックス事件（最高裁平30. 6. 1判決）

> 上記の作業手当は，特定の作業を行った対価として支給されるものであり，作業そのものを金銭的に評価して支給される性質の賃金であると解される。しかるに，上告人の乗務員については，契約社員と正社員の職務の内容は異ならない。また，職務の内容及び配置の変更の範囲が異なることによって，行った作業に対する金銭的評価が異なることになるものではない。加えて，作業手当に相違を設けることが不合理であるとの評価を妨げるその他の事情もうかがわれない。
>
> したがって，上告人の乗務員のうち正社員に対して上記の作業手当を一律に支給する一方で，契約社員に対してこれを支給しないという労働条件の相違は，不合理であると評価できるものである…

② 日本郵便（大阪）事件（大阪地裁平30. 2. 21判決）[1]

> 郵便外務業務に従事する者のうち，時給制契約社員に対しては外務加算額によって，月給制契約社員に対しては基本月額等によって，いずれも外務業務に従事することが各賃金体系において反映されており，その金額も正社員の外務業務手当と比較して均衡を失するものであるとはいえないこと，以上の事情が認められ，これらの諸事情を総合考慮すれば，正社員に外務業務手当を支給し，本件契約社員に同手当を支給しないという相違は，不合理なものであるとまで認めることはできない。

---

1 控訴審（大阪高裁平31. 1. 24判決），上告審（最高裁令2. 10. 15判決）でもこの判断は維持されました。

3．特殊勤務手当の趣旨と実態

労務行政研究所の2018年の調査[2]によると，製造業の18.8%，非製造業で5.4%の企業が，特殊勤務手当を支給しています。同調査では，特殊勤務手当を特殊な作業や勤務に就く者に対して支給される賃金と位置付けています。特殊勤務手当支給の趣旨を，特殊な勤務に就くことに対する対価として位置付けると，特定の作業を行った場合の対価（ハマキョウレックス事件の「作業手当」，日本郵便（大阪）事件の「外務業務手当」）も，交替制勤務などによる通常と異なる特定の時間の労働に対する対価（ガイドラインの例示）も，ともに特殊勤務手当と同種のものとしてとらえることができます。

4．質問に対する回答

このような特殊勤務手当の趣旨をパートタイム・有期雇用労働法８条に照らすと，正社員とパートタイム・有期契約社員の間で同一の支給をすることが求められると考えられます。ただし，特殊勤務に従事する時間や回数が異なる場合は，その割合に応じて，手当の額を増減することは認められます。これは，日本の働き方改革が手本にしたEUのパートタイム労働指令でも時間比例（pro rata temporis）[3]の原則として認められています。また，特殊勤務手当相当分を基本給に含めて支払うことを容認した裁判例（前掲「日本郵便（大阪）事件」）もあります。ご質問のように，特殊勤務の対価に相当する金額を，基本給に含めて支払う場合は，特殊勤務に就かない場合の基本給と比較して，特殊勤務に就く場合の基本給が，特殊勤務手当に相当する金額分だけ増額している必要があります。さらに，その金額がいくらであるか，その金額が特殊勤務従事に相当するものであることを説明できるようにしておかなければなりません[4]。

2　労務行政研究所「諸手当の支給に関する実態調査」労政時報　第3967号　37頁（2019年）

3　濱口桂一郎『EUの労働政策』379頁（労働政策研究・研修機構，2017年）

4　パートタイム・有期雇用労働法14条２項

16 単身赴任手当について

Q16 正社員が遠方の事業所へ転勤になり，家族と別居しなければならない場合，単身赴任手当を支給することになっています。ある地方の事業所で欠員が出たために，契約社員の同意を得て赴任してもらうことになりました。正社員と同様の単身赴任手当を契約社員にも支給しなければならないですか。

A

１．概　要

単身赴任手当については，その性質と趣旨に照らして，正社員とパートタイム・有期契約社員との間で相違を設けることは不合理となる可能性があります。正社員に単身赴任手当の支給が行われているならば，パートタイム・有期契約社員にも同一の支給を行わなければなりません。

２．判断基準

(1) パートタイム・有期雇用労働法第８条

待遇（手当の支給の有無など）のそれぞれについて，その性質と目的に照らして，正社員とパートタイム有期契約社員との間に不合理な相違を設けてはなりません。

(2) ガイドライン

３　手当　(9)　単身赴任手当

通常の労働者と同一の支給要件を満たす短時間・有期雇用労働者には，通常の労働者と同一の単身赴任手当を支給しなければならない。

3．単身赴任手当の趣旨と実態

単身赴任手当は，会社都合による転勤で，同一世帯の家族と別居を余儀なくされる労働者に対し，世帯が二分されることによる生活費の増加を補うために支給される手当です。例えば，子供の学校や受験，持ち家の管理，老親の介護などが理由で家族と別居を余儀なくされるケースなどが当てはまります。また，厚生労働省の平成27年度「就労条件総合調査」によりますと，1,000人以上の企業では66.9％で採用されていると言われており，その金額については，①一律定額の場合と②転勤先や役職に応じて金額が変動する場合がありますが，平均46,065円/月でした。なお，単身赴任手当に加えて家賃補助，帰省手当を支給する会社も多く見受けられます。

また，パートタイム・有期契約社員が，単身赴任をすることはあるのかという疑問を持たれる方がいるかもしれません。しかし，ご質問にもあるように，契約社員として現地採用した後，別の事業所で人手不足があったとき，正社員に代わってパートタイム・有期契約社員が単身赴任をする例はあります。したがって，そのようなケースでは，待遇格差が同一労働同一賃金の観点から許容されるかに注意を払う必要があります。

4．質問に対する回答

単身赴任手当の，世帯が二分されることによる経済的負担等を補償するためという支給趣旨をパートタイム・有期雇用労働法８条に照らすと，正社員には単身赴任手当を支給し，パートタイム・有期契約社員には支給しないことは，不合理な待遇差となる可能性があります。したがって，ある地方の事業所で欠員が出たために，契約社員に赴任してもらうことになった場合，正社員と同一の単身赴任手当を契約社員にも支給する必要があるでしょう。

なお，上記３．「②転勤先や役職に応じて金額が変動する場合」について考えてみます。パートタイム・有期雇用労働法８条の，正社員とパートタイム・有期契約社員で職務の内容・責任に一定の違いがある場合は，その相違に応じた支給は不合理ではないということを考慮します。すると，欠員になった正社員の代わりに赴任することになった契約社員の業務内容・責任と人材活用の仕組みが，総合的に考えて差がないようであれば，契約社員に低額の単身赴任手当を支給することについては，不合理とみなされる可能性があるでしょう。

17 資格手当について

Q17 当社では，国家資格を持つ正社員に資格手当を支給しています。パートでも同じ国家資格の有資格者がいますが，現在は，パートには資格手当を支給していません。パートにも資格手当を支給しなければならないのですか。また，パートの資格手当は低額にしても良いのか教えてください。

A

1．概　要

資格は，1）「その資格がなければ業務ができない資格」（薬剤師，衛生管理者，宅地建物取引士等），2）「担当業務に関連する資格」，3）「担当業務に直接関係しない資格」と区分できます。企業が，業務の必要性，又は，人材育成を目的として，従業員に資格取得を奨励するために，その支給対象を「資格保有者すべて」としているならば，正社員以外のパートタイム・有期契約社員についても同一の支給をしなければなりません。支給対象者を「その資格を活用する業務に従事する者」に限定する場合は，その相違に応じた支給とすることは可能です。

2．判断基準

(1)　パートタイム・有期雇用労働法第8条

パートタイム・有期雇用労働法8条では，正社員とパートタイム・有期契約社員の待遇の相違がある場合は，待遇のそれぞれについて，①職務内容，②人材活用の仕組みや運用，③その他の事情のうち，当該待遇の性質・目的に照らして適切と認められるものを考慮して判断するものとしています。

上記3）の場合，資格の有無自体は，①②とは直接関連しないので，資格保有の正社員には資格手当を支給しながら，資格保有のパートタイム・有期契約社員に支給しないことは，不合理な待遇差となります。上記1）2）の「その資格を活用する業務に従事する者」を資格手当支給の基準としている場合は，①②との関連性が認められますから，その資格を活用する業務に従事していない者に支給しないことは，不合理な待遇差となりません。

(2) ガイドライン

資格手当に関し，ガイドラインでは直接触れられていません。類似の手当として，「潜水士」，「ボイラー取扱者」，「フォークリフト運転技能者」等の国家資格の必要な危険業務等に従事する場合の特殊作業手当があります。ガイドラインでは，この特殊作業手当について，以下のとおり示されています。

3　手当　(2)　業務の危険度又は作業環境に応じて支給される特殊作業手当
　通常の労働者と同一の危険度又は作業環境の業務に従事する短時間・有期雇用労働者には，通常の労働者と同一の特殊作業手当を支給しなければならない。

ガイドラインでは，原則としてパートタイム・有期契約社員にも支給が求められることになります。

3．資格手当の支給実態

厚生労働省の平成27年度「就労条件総合調査」によりますと，技能手当，資格手当などを支給している企業は，全体の47.7％という結果が出ています。平均金額は，例えば，薬剤師44,800円，獣医師25,000円，公認会計士16,000円，システムアナリスト14,000円，1級建築士12,800円，会計士補11,000円，司法書士10,700円，税理士10,100円，中小企業診断士9,000円，社会保険労務士8,800円，宅地建物取引主任者4,500円，栄養士3,000円，衛生管理者1種2,300円となっています。

また，上場企業と上場企業に匹敵する3,825社を対象とした調査[5]では，「業務上取得を義務付けている，又は奨励している公的・民間資格（義務・奨励資格）」保有者に対する資格手当の支給割合は，32％となっています。義務・奨励資格に対する資格手当の支給基準は，「その資格と関係がある業務に従事する場合のみ支給」が71.4％，「資格保有者にはすべて支給」は，18.6％でした。同調査で，「自己啓発として取得を奨励している公的・民間資格（自己啓発資格）」の場合は，15.5％の企業が資格手当を支給しており，その支給基準は，「その資格と関係がある業務に従事する場合のみ支給」が58.8％，「資格保有者にはすべて支給」は32.4％でした。

4．質問に対する回答

資格手当が支給されている企業では，次のように就業規則で定めている例が多くみられます。

（資格手当）
第○条　資格手当は，次の資格を持ち，その職務に就く者に対して支給する。
△△士　　月額＿＿＿＿＿円

パートタイム・有期契約社員については，こうした資格手当の支給を就業規則で定めていない例も見受けられますが，その企業における資格手当の趣旨が，「資格を有し，かつその資格を活用する業務に従事する者に支給される手当」であるならば，原則として，正社員以外のパートタイム・有期契約社員についても，その業務に従事していれば，支給しなければならないものと思われます。

例えば，給食センターでは必ず１名は管理栄養士の登録が必要です。資格手当の支給要件が，自己啓発奨励の目的で，栄養士資格保有者に一律同額の手当を支給している場合は，正社員，パートタイム・有期契約社員を問わず有資格者全員に支給する必要があります。一方，管理栄養士として登録する場合に限

5　労務行政研究所「公的・民間資格取得援助の最新実態」労政時報（2011年）

定されていれば，登録している正社員にのみ支給し，有資格だが登録していないパートタイム・有期契約社員に支給しないことは，不合理な格差になりません。

また，登録の有無で受給資格を区別している場合も，一律に手当を支給している場合も，職務の内容の難易度や従事時間と直接関連しませんので，パートの資格手当を低額にすることは，不合理な取扱いとなる可能性が高いと思われます。

なお，その企業における資格手当の趣旨が，上記2）の「資格を有し，かつその資格を活用する業務に従事する者に支給される手当」であって，正社員とパートタイム・有期契約社員に，業務の内容と責任の範囲・程度や人材活用の仕組み，職務内容の難易度や専門性の幅等に一定の違いがある場合において，その支給水準に相違があっても，不合理な待遇格差ではないと評価される可能性があると思われます。

18 食事手当をどうするか

Q18　食事手当を正社員に支給していますが，パートタイマーには支給していません。また昼食の時間を挟まずに勤務するパートにも支給していません。問題はありますか。

A

1．概　要

正社員と同一の支給要件を満たすパートタイム・有期契約社員にも，同一の食事手当を支給しなければなりません。

2．判断基準

(1)　ガイドライン

(8)　労働時間の途中に食事のための休憩時間がある労働者に対する食費の負担補助として支給される食事手当
短時間・有期雇用労働者にも，通常の労働者と同一の食事手当を支給しなければならない。

<問題とならない例>

A社においては，その労働時間の途中に昼食のための休憩時間がある通常の労働者であるXに支給している食事手当を，その労働時間の途中に昼食のための休憩時間がない（例えば，午後2時から5時までの勤務）短時間労働者であるYには支給していない。

<問題となる例>

> A社においては，通常の労働者であるXには，有期雇用労働者であるYに比べ，食事手当を高くしている。

(2) **裁判例** ハマキョウレックス事件（最高裁平30.6.1判決）

> 正社員に給食手当を支給する一方で，契約社員に支給しないのは不合理であると評価することができる。

3．食事手当の趣旨

(1) 食事手当の定義

食事手当は，社員の昼食費の負担の均衡をはかるため，又は昼食費の負担軽減のために支給するものです。

(2) 食事手当の趣旨

食事手当を支給している企業は，製造業で32.5％，非製造業で11.1％です。食事手当のある企業は全体の19.1％です（労務行政研究所「諸手当の支給に関する実態調査」(2018年))。

その事業所のうち，全事業所・全職種に対して支給しているのは35.0％です。特定の事業所のみは55.0％であり，特定の事業所に支給する企業が多いといえます。その理由は，食事施設のある事業所は現物の提供ができるが，食事施設のない事業所はそれができません。そのために社員間において不平等が生ずることになるので，これを解消するために支給するのが食事手当です。

一方，全事業所・全職種で食事手当を支給しているところは，企業の3分の1以上を占めています。このような企業の食事手当の趣旨は，福利厚生の一環であり，費用負担の軽減を目的にしていると考えられます。

前記のハマキョウレックス事件では，最高裁は判断の前提として，給食手当につき，従業員の食事にかかる補助として支給されるものであるとした上，勤務時間中に食事をとることを要する従業員に対して支給することがその趣旨にかなうと判示しています。

なお，食事手当は昼食を対象としている例が多く，この調査では残業時間における夜食は対象としていません。その理由は時間外労働は変動的な性質があること，個々人やその時の状況によって夜食の提供の有無が異なるためと考えられます。

⑶　支給方法と平均額

支給方法と平均支給額は，以下のとおりです。

支給方法	食券支給	1食事の定額支給	月決め定額支給
割合	2.4%	19.5%	70.7%

平均支給額
7,280円

出典：労務行政研究所　「諸手当の支給に関する実態調査」（2018年）

4．パートタイム・有期契約社員の実態

正社員に食事手当を支給している企業で，パートタイム・有期契約社員に支給している企業のデータは見られません。実態は食事手当を支給している企業は少ないと思われます。パートタイム労働法では，給食施設等，福利厚生施設の利用をパートタイム・有期契約社員にも認めるように定めています。

5．質問に対する回答

食事手当の趣旨が，食費の経済的負担の軽減，給食施設の有無による社員間の不平等の是正が支給趣旨であるとすると，この趣旨は正社員とパートタイム・有期契約社員との間で相違はないと考えられることから，正社員には支給するがパートタイム・有期契約社員に支給しないことは，不合理であると考えられます。

またガイドラインの「問題となる例」にも示されていますが，食事手当を支給しているものの，正社員とパートタイム・有期契約社員の間に金額差を設けることも，不合理であると考えられるので注意が必要です。ただし出勤日数の

違い（つまり，食事手当の対象となる食事の回数の違い）に応じて食事手当に違いがあるのは，不合理ではないと考えられます。

なお昼食の食事費負担軽減が趣旨であるとすると，午後から出社するパートタイム・有期契約社員に手当を支給しないことは，不合理ではないといえます。

上述の内容は，通常の昼食に対する手当についてであるが，残業時間に支給する食事手当に関しても，同じ考え方が適用されると考えられます。つまり残業時の食事に関し，正社員に手当を支給するが，パートタイム・有期契約社員に払わない，又は少ない手当を支給するのは不合理と判断されると考えます。

19 割増賃金の率に差があってもよいか

Q19　正社員には土曜日と日曜日を休日とし，法定休日を指定せず，どちらの曜日に出勤しても法定休日と同じ35％の割増率で休日出勤手当を支給しています。一方パートタイム・有期契約社員が土曜日に出勤した場合，週40時間を超えた場合の法定割増率25％で割増賃金を支払っています。問題はありますか。

A

1．概　要

正社員，パートタイム・有期契約社員といった雇用形態にかかわらず，原則として同一の割増率で割増賃金を支払うことが求められます。

2．法定労働時間・法定休日と割増賃金

労働基準法では，労働時間について1日8時間，1週40時間という上限時間を定めています。この法律で定められた上限時間を法定労働時間といい，就業規則で定める労働契約上の労働時間を所定労働時間といいます。また，休日については，原則として毎週少なくとも1日の休日を与えることを使用者に義務付けています。この法律で定められた1日の休日を法定休日といい，週休2日制等の会社で法定休日以外に設定している休日を所定休日といいます。

この法定労働時間を超える労働や法定休日における労働については，通常の賃金に加え，次のように別途割増賃金を支払うことが使用者に義務付けられています。

＜法定割増率＞

・時間外労働：25％以上，月60時間超の場合50％以上（中小企業は2023年4

月1日より適用)

・休日労働：35%以上

・深夜労働：25%以上

所定休日に関しては，法的には「休日労働」の割増賃金ではなく，週40時間を超えた場合の「時間外労働」の割増賃金を支払うことで足りますが，ご質問のように賃金計算の都合や休日勤務への報奨的意味合いで，法定休日と同様の割増賃金を支払う会社もみられます。この扱いについて，パートタイム・有期契約社員には適用していないケースもあり，そのような相違が同一労働同一賃金の観点から問題になります。

3．判断基準

ガイドラインでは，この時間外労働手当や深夜・休日労働手当に関し，次のとおり示されています。

> (5) 時間外労働に対して支給される手当
> 通常の労働者の所定労働時間を超えて，通常の労働者と同一の時間外労働を行った短時間・有期雇用労働者には，通常の労働者の所定労働時間を超えた時間につき，通常の労働者と同一の割増率等で，時間外労働に対して支給される手当を支給しなければならない。

> (6) 深夜労働又は休日労働に対して支給される手当
> 通常の労働者と同一の深夜労働又は休日労働を行った短時間・有期雇用労働者には，通常の労働者と同一の割増率等で，深夜労働又は休日労働に対して支給される手当を支給しなければならない。

このように，一定の所定労働時間を超える労働や深夜・休日の労働による過重な負荷，生活面での制限等に対する代償として支給される時間外・深夜・休日手当の性質・目的を考慮すると，雇用形態に関係なく同一の割増率等で支払われるべきという考えに基づいています。

その上で，問題とならない例と問題となる例が次のように示されています。
<問題とならない例>

> Ａ社においては，通常の労働者であるＸと時間数及び職務の内容が同一の深夜労働又は休日労働を行った短時間労働者であるＹに，同一の深夜労働又は休日労働に対して支給される手当を支給している。

<問題となる例>

> Ａ社においては，通常の労働者であるＸと時間数及び職務の内容が同一の深夜労働又は休日労働を行った短時間労働者であるＹに，深夜労働又は休日労働以外の労働時間が短いことから，深夜労働又は休日労働に対して支給される手当の単価を通常の労働者より低く設定している。

通常の勤務時間が短いパートタイマーに対して，深夜・休日労働手当の単価を正社員より低くすることは不合理であるとして，同一の割増率等で支給することを求めています。

4．裁判例

正社員と契約社員との間で割増率の違いが争点の１つとなった事例として，メトロコマース事件（東京高裁平31. 2. 20判決）があります。本件では所定労働時間を超える勤務について支払われる早出残業手当について次の相違がありました。

正社員：始めの２時間までは１時間につき２割７分増，２時間を超える時間について３割５分増
契約社員：１時間につき２割５分増

これに対し裁判所は，時間外労働の抑制という観点から有期契約労働者と無期契約労働者とで割増率に相違を設けるべき理由はなく，そのことは使用者が法定の割増率を上回る割増賃金を支払う場合にも同様というべきであると示し

ました。その上で，正社員の割増率を契約社員よりも高く設けるべき積極的な理由もなく，労使交渉の経緯も認められないとして，この早出残業手当の割増率の相違は改正前労契法20条に定める不合理なものであるとの判断が下されました。令和２年10月13日に当事件の最高裁判決が出されましたが，高裁判決の判断が維持され確定しています。

また，日本郵便（大阪）事件（最高裁令2. 10. 15判決）では，正社員にのみ支給される年始期間の祝日割増賃金について，最繁忙期であるために年始期間に勤務したことについての代償として，通常の勤務に対する賃金に所定の割増をしたものであるとし，契約社員は，有期労働契約の更新を繰り返して勤務する者もいるなど，繁忙期に限定された短期間の勤務ではなく，業務の繁閑に関わらない勤務が見込まれていることから，年始期間における勤務の代償として祝日割増賃金を支給する趣旨は契約社員にも該当すると判断し，正社員と契約社員との間の祝日割増賃金の支給の相違は不合理であると示されました。

５．質問に対する回答

ガイドラインや正規・非正規間の待遇格差をめぐる裁判例の判断内容等を考慮すると，過重な負荷や生活面での制限に対する代償として支給される休日出勤手当の性質を踏まえ，同一の割増率で支給することが求められるといえます。これについては，ご質問のように法定を上回る割増率を設定している場合にも同一の支給が必要と考えられるため，パートタイム・有期契約社員について休日出勤手当の扱いに違いを設けることは問題があるといえます。

なお，正社員と異なる勤務形態のパートタイム・有期契約社員で所定勤務日に土曜日が含まれ，別の曜日に休日が設定されているような場合には，土曜日に出勤したからといって，正社員と同じ割増賃金を支払うことにはなりません。また，週２日，３日等の短日数勤務のパートタイム・有期契約社員で，労働契約上休日が特定されておらずシフトの都合で土曜日に勤務するような場合にも，正社員の休日労働とは趣旨が異なるため，同様の扱いは求められないものと思われます。

20 通勤手当に差をつけられるか

Q20 通勤手当について，正社員には１カ月の定期代相当額を支給していますが，パートタイム・有期契約社員には，１カ月の定期代と，出勤日数に応じた実費の安い方を支給しています。問題になりますでしょうか。

A

１．概　要

通勤手当については雇用形態にかかわらず，原則として正社員と同一の支給が求められますが，出勤日数の少ないパートタイム・有期契約社員についてその出勤日数に応じた形での支給であれば問題ありません。

２．法令，通達の考え方

通勤手当は，通勤時の公共交通機関の利用に伴う交通費の実費やマイカー使用時のガソリン代の補填等を目的として，多くの会社で支給されています。基本的には通勤に伴う実費を負担しますが，会社によっては正社員と，パートタイム・有期契約社員とで支給方法に違いを設けている例もみられます。

この通勤手当の相違について，改正前労契法20条（不合理な労働条件の禁止）に関する厚生労働省の解釈通達では以下のように示されています（平成24年８月10日基発0810第２号）。

> 有期契約労働者と無期契約労働者との間の労働条件の相違について，職務の内容，当該職務の内容及び配置の変更の範囲その他の事情を考慮して，個々の労働条件ごとに判断されるものであること。とりわけ，通勤手当，食堂の利用，安全管理などについて労働条件を相違させることは，職務の内容，当該職務の内容及び配置の変更の範囲その他の事情を考慮して特段の理由がない限り合理的とは認められないと解されるものであること。

このように通勤手当は食堂の利用や安全管理とともに，その相違については後述するハマキョウレックス事件の最高裁判決の判示するとおり，正社員とパートタイム・有期契約社員の職務の内容及び配置の変更の範囲が異なる場合でも，その違いは通勤に要する費用の多寡に直接関連するものではないため，不合理であると評価されるものと考えられます。つまり，改正前労契法の解釈からも，原則として正社員と同様の方法での支給が求められるといえるでしょう。

2020年４月施行（中小企業への適用は2021年４月）のパートタイム・有期雇用労働法において，この改正前労契法20条が削除され，パートタイム・有期雇用労働法の８条（不合理な待遇の禁止）へと統合されました。もともと同条は改正前労契法20条にならってできた規定であり（平成26年７月24日基発0724第２号），統合後も通勤手当の相違に関する解釈に変わりはないと考えられます。

３．判断基準

ガイドラインでは，通勤手当の支給に関し，次のとおり示されています。

> 短時間・有期雇用労働者にも，通常の労働者と同一の通勤手当及び出張旅費を支給しなければならない。

このように前述した改正前労契法の解釈通達から一歩踏み込み，雇用形態にかかわらず，同一の支給を求めています。

その上で，相違を設ける場合で，問題とならない例を２つ示しています。

<問題とならない例①>

> Ａ社においては，本社の採用である労働者に対しては，交通費実費の全額に相当する通勤手当を支給しているが，それぞれの店舗の採用である労働者に対しては，当該店舗の近隣から通うことができる交通費に相当する額に通勤手当の上限を設定して当該上限の額の範囲内で通勤手当を支給しているところ，店舗採用の短時間労働者であるＸが，その後，本人の都合で通勤手当の上限の額では通うことができないところへ転居してなお通い続けている場合には，当該上限の額の範囲内で通勤手当を支給している。

<問題とならない例②>

> Ａ社においては，通勤手当について，所定労働日数が多い（例えば，週４日以上）通常の労働者及び短時間・有期雇用労働者には，月額の定期券の金額に相当する額を支給しているが，所定労働日数が少ない（例えば，週３日以下）又は出勤日数が変動する短時間・有期雇用労働者には，日額の交通費に相当する額を支給している。

①について，本社採用の正社員とは異なり，各事業所採用で近隣に住んでいる人を前提にパートタイム・有期契約社員を雇用し，始めから近隣から通える範囲内での上限額を明確に定めた通勤手当を支給している場合であれば，本人の都合で範囲外に引っ越したときに，当初の上限の範囲内で発生した通勤費分のみ支払う形でも不合理とはならないことが示されています。なお，パートタイム・有期契約社員は単純に近距離勤務者が多い等という理由だけで，正社員とは異なり，支給方法に差をつけたり，支給額に上限を設けたりすることは不合理とみなされる可能性が高いといえます。

②については，労働日数に応じた形での支給の相違を認めています。このように所定労働日数の少ないパートタイム・有期契約社員に通勤手当を支給する場合，次のとおり就業規則に規定することが考えられます。

週の所定労働日数が少ないパートタイム・有期契約社員について，1日の交通機関の往復料金に月の労働日数を乗じて計算された額が，1カ月の通勤定期代を下回る場合には，前者の労働日数に応じた実費額を通勤手当として支給する。

4．裁判例

正社員と契約社員との間の待遇格差が争点となったハマキョウレックス事件（最高裁平30. 6. 1判決）では，契約社員には月3,000円，正社員には月5,000円という通勤手当の相違について，通勤手当は，通勤に要する交通費を塡補する趣旨で支給されるものであり，労働契約の期間の有無により通勤に要する費用が異なるものではなく，職務の内容及び配置の変更の範囲が異なることは，通勤に要する費用の多寡とは直接関連するものではないこと等を理由に改正前労契法20条に定める不合理なものであると判断されました。

5．質問に対する回答

本来，通勤手当は通勤に要する交通費の実費負担を目的としているため，ガイドラインでも示されているとおり，正社員と異なり，パートタイム・有期契約社員について出勤日数に応じた形で通勤手当を支給することは不合理ではないと解釈されます。したがって，所定労働日数の少ないパートタイム・有期契約社員に対して1カ月の通勤定期代と出勤日数分の実費分を比較して安い方を支給するという運用は，不合理な待遇格差とはならないものと考えます。

21 賞与に格差をつけられるか

Q21　夏と冬の年に2回，正社員には基本給の2カ月から3カ月分の賞与を支給しています。パートタイム・有期契約社員の賞与は一律10万円であり，正社員に比べると少ない水準です。賞与に関しても，パートタイム・有期契約社員に正社員と同一の賞与を支払わなければならないのですか。

A

1．概　要

会社業績への貢献が正社員と同じであれば，パートタイム・有期契約社員にも同じ賞与を支給しなければなりません。一定の違いがあれば，違いに応じた賞与を支給しなければなりません。下級審の裁判例では，正社員とパートタイム・有期契約社員の業務内容等に対する貢献の違いがある場合，これに応じて相違する賞与を支給することは不合理ではないとされた例があり，個々に判断していく必要があると考えます。

2．判断基準

(1)　ガイドライン

賞与であって，会社の業績等への労働者の貢献に応じて支給するものについて，通常の労働者と同一の貢献である短時間・有期雇用労働者には，貢献に応じた部分につき，通常の労働者と同一の賞与を支給しなければならない。また，貢献に一定の相違がある場合においては，その相違に応じた賞与を支給しなければならない。

(2) 裁判例

① 大阪医科薬科大学事件（最高裁令2.10.13判決）

大学の正職員には通年でおおむね基本給の4.6カ月分の賞与を支給し，アルバイト職員には支給していませんでした。年収を正職員の新卒者と比較すると，アルバイト職員はその55％に相当します。

職務の内容は，正職員が英文学術誌の編集事務等の難易度の高い仕事をしているのに対し，アルバイトは軽易な仕事が主です。また両者には配置転換の範囲に一定の相違があります。

最高裁は賞与の支給実績から，「賞与は，算定期間における労務の対価の後払いや一律の功労報償，将来の労働意欲の向上等の趣旨を含むものと認められる。…第一審被告は，正職員としての職務を遂行し得る人材の確保やその定着を図るも目的から，正職員に対して賞与を支給することとした。」と判示しました。

そして賞与を正職員に支給しながら，アルバイト職員に支給しないことは不合理ではないと判断しました。

② 井関松山製造所事件（最高裁令3.1.19判決，高松高裁令元.7.8判決）

最高裁は上告された本件を棄却し，以下の高松高裁の判決が確定しました。

「長期雇用を前提とする正社員に対し賞与の支給を手厚くすることにより有為な人材の獲得・定着を図る人事施策上の目的には相応の合理性が認められる。賞与の配分には一定の制約がある一方で，賞与の配分原資としてどの程度を充てるかは，使用者に広範囲な裁量があることを前提としている。正社員と有期契約労働者とでは，負うべき職務責任の範囲等も異なる。有期契約労働者に対して賞与ではなく，寸志の支給によるとした使用者の経営判断には相応の合理性が認められる。

原告に夏季と冬季に各５万円が支給されており，総合して勘案すると，一季に30万円以上の差が生じている点を考慮しても，不合理であるとまでは言えない。」

3．賞与の趣旨と業績への貢献

(1) 賞与の趣旨

就業規則には「会社の業績と個人の業績に応じて賞与を支給することがある。」と一般的に規定されています。賞与は会社業績の社員への利益配分と考えられます。多くの企業で業績連動の考えを導入しており，全社の業績を賞与に反映したり，部門別業績を反映したりしています。さらに個人業績も賞与額の決定の要素であり，一般に人事評価の結果が反映されています。

全社業績の代表的な指標は営業利益と経常利益であり，賞与原資の算出の基準となります。賞与支給前のこれらの経営指標に一定の係数をかけて賞与原資を算出しますが，大企業では関連会社を含めた連結指標が用いられる例もあります。

一方，個人業績は人事評価によって決まり，目標管理等の達成度が採用される例が多いといえます。その結果，個人の賞与は，「基本給×支給月数×人事評価係数」という計算式で決まるのが一般的です。

したがって，賞与の趣旨は企業業績への貢献に応じて支給されるものと考えられます。

(2) 業績への貢献の程度

正社員とパートタイム・有期契約社員との間に，業績への貢献にどのような相違があるかは，均衡待遇を判断する上において重要です。その貢献の相違は多くの労働裁判で判断され，特に職務の内容が重要です。正社員は高度な専門性が要求される判断業務を中心に行いますが，パートタイム・有期契約社員は比較的容易な定型業務が中心の場合が多く，上述した裁判例のように，職務の内容だけではなく，その職務の内容の変更の範囲の相違が，業績貢献への相違に関連すると判断されているようです。

また責任の程度に関しては，一般的に正社員は業務遂行の結果責任，利益責任，予算管理責任など厳しい内容が問われ，それが人事評価を通して個人業績として賞与へ反映されます。一方，パートタイム・有期契約社員は，定型業務が中心であるために，責任の程度は比較的軽く，予算管理責任や利益責任まで問われることは少ないのが一般的です。したがって，正社員とパートタイム・有期契約社員の間には，考慮すべき責任の程度に差があり，それが均衡待遇の判断に反映されると考えられます。

4．パートタイム・有期契約社員の実態

パートタイム・有期契約社員に賞与を支給している企業は，33.7％です（厚生労働省「平成28年パートタイム労働者総合実態調査の概況」）。また正社員が基本給の数カ月分であるのに対して，パートタイム・有期契約社員の賞与の実態は，数万円から十数万円という例がみられます。したがって，明らかに正社員との間に差がみられます。

5．質問に対する回答

ガイドラインには，賞与が会社の業績等への貢献に応じて支給される場合，正社員と同一の貢献であるパートタイム・有期契約社員には同一の賞与を，貢献に相違があるときはその相違に応じた賞与を支給しなければならないと書かれています。

一方，上記裁判例においては，

① 賞与支給は使用者の裁量による部分が大きいこと
② 正社員の賞与を手厚くすることで有為な人材定着や獲得を図ることを目的としていること

などを理由として，正社員とパートタイム・有期契約社員の間に賞与格差をつけることは，不合理とは評価できないとされています。

上記裁判例の考え方を踏まえれば，ご質問の事例についても，直ちに不合理であるとはいえないと考えられます。

なお，上記の裁判例はいずれも上告されましたので，最高裁の判決に注目してください。

22 退職金制度への対応方法について

Q22　正社員には退職金を支給しています。しかし，パート・有期契約社員は勤務期間が短いことから，退職金を支給していませんが問題はありますか。

A

1．概　要

退職金についてはガイドラインでは具体的な考え方が示されていません。しかし，後述のとおり，有期契約社員に対する退職金の不支給を改正前労契法20条に違反しないとした最高裁判決があります。このように最高裁判決が存在していますが，事案によっては職務内容や人材開発の仕組みの違い，支給の趣旨や目的等を勘案して，不支給や正社員より少額の支給が，不合理と判断される場合もありうると思われます。

2．判断基準

(1)　ガイドライン

退職金はきわめて重要な手当ですが，ガイドラインでは直接触れられていません。とはいえ，退職金についても同一労働同一賃金の均衡・均等の考え方が適用されることに疑問はありません。ガイドラインの「第２　基本的考え方」によると，「この指針は，通常の労働者と短時間・有期雇用労働者及び派遣労働者との間に待遇の相違が存在する場合に，いかなる待遇の相違が不合理と認められるものであり，いかなる待遇の相違が不合理と認められるものでないのか等の原則となる考え方及び具体例を示したものである。…なお，この指針に原則となる考え方が示されていない退職手当，住宅手当，家族手当等の待遇や，具体例に該当しない場合についても，不合理と認められる待遇の相違の解消等が求められる。このため，各事業所において，労使により，個別具体の事情に応じて待遇の体系について議論していくことが望まれる。」と示されています。

(2) メトロコマース事件（最高裁令2.10.13判決）

本件は，地下鉄売店の販売員である有期契約社員に対し，正社員の販売員に支給している退職金が支給されないことが改正前労契法20条に違反して不合理なものと言えるかどうかが争われた事案であり，正社員とパートタイム・有期契約社員との退職金の待遇格差について，初めて最高裁の判断が示されました。

第一審（東京地裁平29.3.23判決）では，「企業が長期雇用を前提とした正社員に対する福利厚生を手厚くし，有為な人材の確保・定着を図るなどの目的をもって正社員に対する退職金制度を設け，短期雇用を原則とする有期契約労働者に対しては退職金制度を設けないという制度設計をすることは，人事施策上一定の合理性を有するものと考えられる。」とした上で，これに加え，本件においては「正社員への登用制度が設けられ」ていることなどを併せ考慮すると，「退職金における正社員と契約社員…との間の相違は，不合理とまでは認められないというべきである。」と，一定の条件下では退職金の不支給が不合理でないことを認めました。

ところが，控訴審（東京高裁平31.2.20判決）では，前述の退職金の法的性格は認めながらも，比較対象労働者を正社員全体から売店業務に従事する正社員に限定し，「少なくとも長年の勤務に対する功労報酬の性格を有する部分に係る退職金…すら一切支給しないことについては不合理と言わざるを得ない。」との判断を示し，「正社員と同一の基準に基づいて算定した額の少なくとも4分の1」に相当する金額を退職金相当額の損害額として認定しました。

これに対し，最高裁では退職金の不支給は不合理とまではいえないと判断されました。最高裁では，正社員と売店業務の契約社員の退職金支給における相違についての不合理性の判断として，「他の労働条件の相違と同様に，当該使用者における退職金の性質やこれを支給することとされた目的を踏まえて同条所定の諸事情を考慮することにより，当該労働条件の相違が不合理と評価することができるものであるか否かを検討すべきものである」としており，不支給を不合理でないとする根拠として下記等を挙げています。

① 「正社員としての職務を遂行し得る人材の確保やその定着を図るなどの目的から，様々な部署等で継続的に就労することが期待される正社員に対し退職金を支給」していること。

② 「両者の職務の内容及び配置の変更の範囲にも一定の相違があった」こと。

③ 「契約社員Ａ及び正社員へ段階的に職種を変更するための開かれた試験による登用制度を設け」ていること。

さらに補足意見として，「退職金制度を持続的に運用していくためには，その原資を長期間にわたって積み立てるなどして用意する必要があるから，退職金制度の在り方は，社会経済情勢や使用者の経営状況の動向等にも左右されるものといえる。そうすると，退職金制度の構築に関し，これら諸般の事情を踏まえて行われる使用者の裁量判断を尊重する余地は，比較的大きいものと解されよう。」としながらも，「労働契約法20条は，有期契約労働者等については，無期契約労働者と比較して合理的な労働条件の決定が行われにくく，両者の労働条件の格差が問題となっていたこと等を踏まえ，有期契約労働者の公正な処遇を図るため，その労働条件につき，期間の定めがあることにより不合理なものとすることを禁止したものである…そして，退職金には，継続的な勤務等に対する功労報償の性格を有する部分が存することが一般的であることに照らせば，企業等が，労使交渉を経るなどして，有期契約労働者と無期契約労働者との間における職務の内容等の相違の程度に応じて均衡のとれた処遇を図っていくことは，同条やこれを引き継いだ短時間労働者及び有期雇用労働者の雇用管理の改善等に関する法律８条の理念に沿うものといえる。」としています。

3．質問に対する回答

退職金については，ガイドラインでも待遇の相違の不合理性について原則となる考え方や具体例が示されていません。メトロコマース事件最高裁判決は，正社員には退職金を支給しているものの，有期契約労働者に退職金を支給していなかった事案について，不合理ではないとの判断をしました。このような事案について，最高裁判決が出たことの意味合いは大きいと考えられますが，一企業の労働条件を検討した上での判断であるため，パートタイム・有期契約社員全般に当てはまるものとは言い切れない点に注意する必要があります。

23 定年後再雇用者の賃金設定の注意点について

Q23 60歳定年以降の再雇用社員の賃金を下げると法律に違反するのでしょうか。

A

1．概　要

定年退職後の再雇用社員も有期契約社員であることに変わりはなく，正社員との間の不合理な格差は禁止されることになります。正社員との間に，①職務の内容，②職務の内容及び配置の変更の範囲，③その他の事情の相違がある場合は，その相違に応じた賃金の相違は許容されます。長澤運輸事件判決（最高裁平30．6．1判決）では，改正前労契法20条につき，①職務の内容，②職務の内容及び配置の変更の範囲において相違がないにも関わらず，③その他の事情として定年退職後再雇用者であること，調整前の支給をしていること，賃金体系が工夫されていること，賃金（年収）が定年退職前の79％程度であること等のその事案における具体的な事実を考慮して，賞与の不支給等を含めた年収の低下を不合理と認められるものに当たらないと判断しました。このように不合理性の判断には精査が必要ですので以下で解説します。

2．判断基準

(1)　高年齢者雇用確保措置の実施及び運用に関する指針

2012（平成24）年８月改正，2013（平成25）年４月に施行された高年齢者雇用安定法で，65歳までの雇用確保措置が義務化されましたが，賃金や労働条件については特に法的な規制はなく，労使の協議に委ねられました。一部の企業では，65歳までの雇用確保義務を果たす代わりに，相当の賃金低下が許容されるという認識もみられます。標記指針（平成24年11月９日厚生労働省告示第560

号）では，「継続雇用制度を導入する場合における継続雇用後の賃金については，継続雇用されている高年齢者の就業の実態，生活の安定等を考慮し，適切なものとなるよう努めること。」と，抽象的な基準を示すにとどまっていました。

その後，働き方改革への対応のため，改正高年齢者雇用安定法が2020（令和2）年3月に成立・公布，2021年4月1日から施行されたことに伴い，新たな指針（令和2年10月30日厚生労働省告示第351号）が告示され，「高年齢者就業確保措置において支払われる金銭については，制度を利用する高年齢者の就業の実態，生活の安定等を考慮し，業務内容に応じた適切なものになるよう努めること。」と改められました。相変わらず抽象的な基準ですが，「業務内容に応じた適切なもの」という同一労働同一賃金に配慮を感じる表現になっています。

(2) 高年齢者雇用安定法に関する裁判例

九州惣菜事件（福岡高裁平29．9．27判決，最高裁平30．3．1上告棄却，不受理）では，給与水準が定年前の約25％になるという再雇用後の労働条件に，「不合理な相違が生じることは許されない」と指摘し，同社が示した再雇用の労働条件は「生活への影響が軽視できないほどで高年法の趣旨に反し，違法」と認めました。トヨタ自動車ほか事件（名古屋高裁平28．9．28判決）でも，いままでとまったく違う職務を与え，それにより給与を大幅に引き下げることはできないとしています。

ただし，学究社事件（東京地裁立川支判平30．1．29判決）では，改正前労契法20条が問題となるとされた上で，「本件の再雇用契約は，高年法9条1項2号の定年後の継続雇用制度に該当するものであり，定年後継続雇用者の賃金を定年退職前より引き下げることは，一般的に不合理であるとはいえない。」としています。

(3) 長澤運輸事件最高裁判決等の判断

長澤運輸事件最高裁判決（最高裁平30．6．1判決）は，「有期契約労働者が定

年退職後に再雇用された者であることは，当該有期契約労働者と無期契約労働者との労働条件の相違が不合理と認められるものであるか否かの判断において，労契法20条にいう「その他の事情」として考慮されることになる事情に当たると解するのが相当である」として，60歳定年退職後の再雇用社員の労働条件を60歳未満の社員の労働条件と具体的に比べて検討しています。60歳定年以降の再雇用社員は，「定年退職後に再雇用された者であり，定年退職に当たり退職金の支給を受けるほか，老齢厚生年金の支給を受けることが予定され，その報酬比例部分の支給が開始されるまでの間は被上告人から調整給の支給を受けることも予定されている。」ことも「その他の事情」として考慮しています。

(4) 長澤運輸事件最高裁判決以後の下級審判決

長澤運輸事件最高裁判決以後の下級審裁判例下記２件は，いずれも定年退職再雇用後の賃金低下は改正前労契法20条違反には当たらず，不合理とはいえないという判断を示しています。

日本ビューホテル事件（東京地裁平30. 11. 21判決）:「定年退職時と嘱託社員及び臨時社員時の業務の内容及び当該業務に伴う責任の程度（職務の内容）は大きく異なる上，職務の内容及び配置の変更の範囲にも差異があるから，嘱託社員及び臨時社員の基本給ないし時間給と正社員の年俸の趣旨に照らし…基本給及び時間給が定年退職時の年俸よりも低額であること自体不合理ということはできない。」

北日本放送事件（富山地裁平30. 12. 19判決）:「再雇用社員と正社員の職務の内容，当該業務の内容及び配置の変更の範囲はいずれも異なることが認められるから，その相違に応じた範囲で，再雇用社員の基本給の額を正社員よりも低くすることが不合理であるとはいえない。」

また，北日本放送事件と五島育英会事件（東京高裁平30. 10. 11判決）では，「その他の事情」として，労使協議を経て決定された処遇であるということも考慮されています。

定年退職後の再雇用者であることが「その他の事情」として考慮されること

は，最高裁判決とそれ以降の裁判例で明らかとなっていますが，名古屋自動車学校事件（名古屋地裁令2．10．28判決）は，「その他の事情」を考慮しても，嘱託職員の基本給が正職員定年退職時の基本給の60％を下回る限度で，改正前労契法20条にいう不合理と認められるものに当たるという判断を下しました。また，賞与についても嘱託職員と正職員との間の待遇差が不合理であると判断されました。

⑸ ガイドライン

ガイドラインでは，「定年に達した後に継続雇用された有期雇用労働者についても，短時間・有期雇用労働法の適用を受けるものである。このため，通常の労働者と定年に達した後に継続雇用された有期雇用労働者との間の賃金の相違については，実際に両者の間に職務の内容，職務の内容及び配置の変更の範囲その他の事情の相違がある場合は，その相違に応じた賃金の相違は許容される。」とされ，さらに，長澤運輸事件判決を受けて，「有期雇用労働者が定年に達した後に継続雇用された者であることは，通常の労働者と当該有期雇用労働者との間の待遇の相違が不合理と認められるか否かを判断するに当たり，短時間・有期雇用労働法第8条のその他の事情として考慮される事情に当たりうる。定年に達した後に有期雇用労働者として継続雇用する場合の待遇について，様々な事情が総合的に考慮されて，通常の労働者と当該有期雇用労働者との間の待遇の相違が 不合理と認められるか否かが判断されるものと考えられる。したがって，当該有期雇用労働者が定年に達した後に継続雇用された者であることのみをもって，直ちに通常の労働者と当該有期雇用労働者との間の待遇の相違が不合理ではないと認められるものではない。」としています。

3．ご質問に対する回答

ガイドラインで示されたように，定年退職後の再雇用者も，有期契約で雇用されていれば，パートタイム・有期雇用労働法8条が適用されることは当然ですが，その際，当該有期雇用労働者が定年に達した後に継続雇用される者であることのみをもって，直ちに通常の労働者と当該有期雇用労働者との間の待遇の相違が不合理ではないとされるものではありません。

実際に両者の間に，①職務の内容，②職務の内容及び配置の変更の範囲，③その他の事情の相違がある場合は，その相違に応じた賃金の相違は許容されますので，「①職務の内容（業務内容と責任の程度）」を定年前より軽くする，「②職務の内容及び配置の変更範囲」を定年前に比べて限定するなどの事情があれば，賃金の引き下げの程度が変更の範囲に対応している限り，不合理と判断されない可能性が高くなるでしょう。また，職務の内容等に相違がない場合には，「③その他の事情」として考慮されるべき事情の有無により不合理性が判断されることになります。

長澤運輸事件最高裁判決では，その他の事情として総合考慮される要素として，雇用及び人事に関する経営判断，団体交渉等による労使自治，定年制と有期契約労働者の賃金体系の在り方，適用される賃金項目の趣旨等が挙げられています。

24 慶弔休暇をどうするか

Q24 結婚や親族の不幸の際，正社員には有給の慶弔休暇がありますが，パートタイム・有期契約社員は勤務シフトを調整して対応してもらっています。この取扱いは問題になりますでしょうか。

A

1．概　要

原則として正社員以外のパートや契約社員についても同一の慶弔休暇の付与が必要とされますが，短日数勤務の者については，勤務日の振替での対応を求めることも可能です。

2．判断基準

休暇には，法令上与えることを義務付けられている年次有給休暇，産前産後休暇，生理休暇等の法定休暇のほか，会社が任意に定める慶弔休暇等の法定外休暇があります。法定外とはいえ，結婚，配偶者の出産等の慶事や，親族の葬儀等の弔事の際は，次のように年次有給休暇とは別に有給の慶弔休暇制度を設けている会社が多くみられます。

（慶弔休暇）
第○条　正社員が次の各号の一により休暇を申請した場合は，公休日とは別に以下の日数の範囲内で有給の特別休暇を与える。
(1)　本人が結婚するとき　：　5営業日
(2)　子が結婚するとき　：　2営業日
(3)　配偶者が出産するとき　：　3営業日
(4)　父母，配偶者又は子が死亡したとき　：　5営業日

(5)　祖父母，兄弟姉妹，孫又は配偶者の父母が死亡したとき　：　3営業日
(6)　(4)及び(5)以外の三親等以内の親族が死亡したとき　：　1営業日
(7)　その他前各号に準じて会社が特別に必要と認めたとき　：　会社が認めた日数

パートタイマーや有期契約社員については，こうした慶弔休暇を就業規則で定めていない例も見受けられますが，ガイドラインでは，慶弔休暇や健康診断に伴う勤務免除・有給保障に関し，以下のとおり示されています。

短時間・有期雇用労働者にも，通常の労働者と同一の慶弔休暇の付与並びに健康診断に伴う勤務免除及び有給の保障を行わなければならない。

慶弔休暇は，雇用形態にかかわらず，原則として正社員と同一の付与が求められることになります。その上で，相違を設ける場合に問題とならない例が示されています。

＜問題とならない例＞

Ａ社においては，通常の労働者であるＸと同様の出勤日が設定されている短時間労働者であるＹに対しては，通常の労働者と同様に慶弔休暇を付与しているが，週２日の勤務の短時間労働者であるＺに対しては，勤務日の振替での対応を基本としつつ，振替が困難な場合のみ慶弔休暇を付与している。

家族や親族に関係する慶事や弔事への配慮という慶弔休暇の性質・目的を考えると，正社員もパートタイム・有期契約社員も違いはないため，同様に与えることが必要と考えられます。ただし，＜問題とならない例＞で示されているとおり，週２日勤務等の短日数勤務の者については，基本的に勤務日の振替で対応してもらい，それが難しい場合にのみ慶弔休暇を付与する形でも不合理ではないとされています。短日数勤務者は正社員と比べて所定休日が多いため，慶事や弔事の際はなるべく所定休日を利用してもらい，どうしても所定労働日に当たってしまう場合には慶弔休暇の取得を認めるということになります。

3．質問に対する回答

前述したガイドラインの記載にあるとおり，週2日程度の短日数勤務者であれば，ご質問のように，勤務シフトの調整により，所定の休日にて対応してもらって問題とはならないと考えられます。しかし，週3日以上でフルタイムに近い形で働くパートタイム・有期契約社員については，所定の勤務日・休日の調整による対応が難しいため，原則として正社員と同様の慶弔休暇の日数を定めるか，少なくとも週の所定労働日数に比例した日数の付与が求められるものと思われます。

なお，この慶弔休暇を与える際は，正社員が有給の場合には，時給制のパートタイム・有期契約社員であっても，同様に有給となることに注意してください。

25 休職の設定の注意点とは

Q25　パートタイム・有期契約社員にも私傷病休職制度を導入しようと考えていますが，有期契約であり，予定される勤続期間が異なるため，正社員よりは期間を短めに設定しようと検討しています。問題ないでしょうか。

A

1．概　要

原則として正社員以外のパートタイマーや有期契約社員についても同一の私傷病休職の付与が必要とされますが，有期契約社員に対し，労働契約期間の満了日までの期間に短縮して付与することは，不合理とはいえないと思われます。

2．判断基準

休職制度とは，業務外の事由によるケガや病気等で一定期間働くことができなくなった場合等に，労働契約を解除しないで会社に籍を置いたまま，特定の期間の就労を免除したり，又は禁止したりする制度のことをいいます。私傷病休職（病気休職）のほか，出向，留学，公職への就任等によるものがあります。

（休職期間）
第○条　次の各号のいずれかに該当した場合は休職を命じる。
⑴　業務外のケガや病気により欠勤が，継続または断続を問わず増加し，日常業務に支障をきたすと判断されるとき。
⑵　出向等により，他の会社または団体の業務に従事するとき。
⑶　その他会社が特別に休職させることを必要と認めたとき。
2　前項の事由に基づく休職期間は，次のとおりとする。
⑴　1号の場合
勤続1年未満の者：3カ月以内

> 勤続1年以上5年未満の者：6カ月以内
> 勤続5年以上10年未満の者：9カ月以内
> 勤続10年以上の者：1年以内
> (2) 2号，3号については，会社が必要と認める期間とする。

こうした私傷病休職制度は正社員の就業規則にのみ規定されているケースもみられますが，ガイドラインでは病気休職の扱いとして次のとおり示されています。

> 短時間労働者（有期雇用労働者である場合を除く。）には，通常の労働者と同一の病気休職の取得を認めなければならない。また，有期雇用労働者にも，労働契約が終了するまでの期間を踏まえて，病気休職の取得を認めなければならない。

無期雇用であれば，パートタイマーであっても正社員と同一の休職制度の適用があり，有期雇用であれば，契約満了日までの残りの期間を考慮した形での付与が認められます。休職制度について相違を設ける場合に問題とならない例として次のように示されています。

＜問題とならない例＞

> A社においては，労働契約の期間が1年である有期雇用労働者であるXについて，病気休職の期間は労働契約の期間が終了する日までとしている。

病気によって働けなくなった場合に休職により解雇を猶予して健康状態の回復を待つという私傷病休職制度の性質・目的は，正社員やパートタイム・有期契約社員にも同様に当てはまるため，原則として雇用形態にかかわらず同一の付与が求められます。ただし，有期契約社員については，労働契約の終了日までの期間が短い場合もあるため，その残りの期間に応じた付与が可能となります。

有期契約社員の就業規則において休職制度を設ける場合には，次の内容を追記しておくことが考えられます。

所定の休職期間の上限内に契約期間の満了日をむかえるときは，契約期間の満了日までの期間を最長の休職期間とする。

3．裁判例

日本郵便（東京）事件（最高裁令2. 10. 15判決）では，正社員には少なくとも引き続き90日間の有給の病気休暇を認めているのに対し，契約社員には病気休暇を1年度において10日の範囲内で認めている労働条件の相違について，病気休暇は長期にわたり継続して勤務することが期待される者に対し，その生活保障を図り，私傷病の療養に専念させることを通じて，継続的な雇用を確保するという目的で付与するものとした上で，契約社員も有期労働契約の更新を繰り返して勤務する者が存在する等，相応に継続的な勤務が見込まれるとし，病気休暇の日数の相違はともかく，有給とするか無給とするかについて相違を設けることは不合理であると判断されました。

また，大阪医科薬科大学事件（最高裁令2. 10. 13判決）では，正社員には私傷病で欠勤した際，6カ月間は賃金が全額支払われ，6カ月経過後は休職が命じられた上で休職給として賃金の2割が支払われていたのに対し，有期契約のアルバイト職員にはこのような休職規程がないことの不合理性が争点の1つとなりました。裁判所は，当休職制度は長期にわたり継続して就労することが期待される者に対し，生活保障を図るとともに，その雇用を維持し確保するという目的によるものとした上で，アルバイト職員と正職員との間では職務内容等に一定の相違があることに加え，アルバイト職員は長期雇用を前提とした勤務を予定しているものとはいい難く，雇用を維持し確保することを前提とする制度の趣旨が直ちに妥当するものとはいえないとし，この休職制度の違いは不合理であるとはいえないと判断されました。

4．質問に対する回答

前述したガイドラインの記載にあるとおり，無期雇用であれば雇用形態にかかわらず，原則として同一の休職付与が求められると考えられますが，有期契約社員であれば，労働契約の残存期間に短縮した休職付与でも，それが不合理な待遇格差と評価されることはないと考えられます。

なお，パートタイム・有期契約社員の休職期間の日数自体を正社員より短い日数で設定することは可能かという疑問も出ると思います。例えば，前述の規定例の中に「勤続１年未満の者：３カ月以内」という定めがあり，これに合わせて１年契約のパートタイム・有期契約社員について休職期間は一律３カ月などと正社員より短めに規定することができるかということです。

前掲の日本郵便（東京）事件では，正社員・契約社員間の病気休暇の日数の相違は不合理ではないとした上で，有給・無給という賃金の相違について不合理と判断されました。

このように休職期間の日数自体の相違について許容されると示されている事例はあるものの，ガイドラインでは，この点について特段のコメントは言及されていません。休職期間に差をつけるに当たっては，行政の解釈通達や今後の裁判事例の結果も踏まえ，職務内容や継続的な雇用確保の必要性などの違いに応じて慎重に対応した方がよいと思われます。

26 健康診断の取扱いの注意点について

Q26　健康診断について，正社員は勤務時間中に受けてもらい，賃金も通常どおり支給しています。パートタイム・有期契約社員は受診後，勤務を開始した時点から労働時間をカウントして賃金を支給しています。この扱いで問題ないでしょうか。

A

1．概　要

健康診断の受診時間分について，正社員に対し有給保障をしている場合には，原則としてパートタイム・有期契約社員に対しても同一の有給保障をすることが求められます。

2．健康診断に関する労務管理上の取扱い

(1)　健康診断の実施・受診義務

事業者は，労働安全衛生法66条により，労働者に対し健康診断を実施する義務を負っています。その上で，労働安全衛生規則43条以下で，具体的に実施すべき健康診断が規定されています。主なものは次のとおりです。

①　雇入れ時の健康診断

常時使用する労働者を雇い入れるときに実施する。

②　定期健康診断

常時使用する労働者に対して，1年以内ごとに1回，定期的に実施する。

③　特定業務従事者の健康診断

高温・低温の物体や重量物を取り扱う業務，深夜業を含む業務等の特定業務に従事する労働者に対して，該当業務への配置替えの際及び6カ月以内ごとに1回（一部の項目除く），定期的に実施する。

④ 海外派遣労働者の健康診断

海外へ6カ月以上派遣する場合に派遣前と派遣後に実施する。

これらの健康診断については，事業者に実施義務があるだけでなく，労働者側にも受診することが義務付けられています（労働安全衛生法66条5項）。

(2) 健康診断の受診対象者

一般健康診断の受診対象者である「常時使用する労働者」とは，正社員だけとは限りません。パートタイム・有期契約社員でも，次の要件をいずれも満たせば健康診断の受診対象者となります。

① 1週間の労働時間がその事業場の同種の業務に従事する通常の労働者（正社員）と比べて4分の3以上

② 期間の定めのない労働契約か，又は期間の定めがあっても，1年以上雇用されることが予定されている場合

(3) 受診時間中の賃金

健康診断の受診に要した時間について賃金を支給すべきかどうかという問題があります。これについては行政通達で次のとおり示されています（昭和47年9月18日基発602）。

> 健康診断の受診に要した時間についての賃金の支払いについては，労働者一般に対して行なわれる，いわゆる一般健康診断は，一般的な健康の確保をはかることを目的として事業者にその実施義務を課したものであり，業務遂行との関連において行なわれるものではないので，その受診のために要した時間については，当然には事業者の負担すべきものではなく労使協議して定めるべきものであるが，労働者の健康の確保は，事業の円滑な運営の不可欠な条件であることを考えると，その受診に要した時間の賃金を事業者が支払うことが望ましいこと。

健康診断は，会社に実施義務がある一方，従業員にも自己保健義務に基づく受診義務があり，主として従業員個人の健康管理が目的であるため，受診に要

した時間は労働時間とは考えられません。したがって，受診時間分について賃金支払いをしないことも直ちに法令違反とはなりませんが，一般的には前述の通達の考え方に従い，賃金支払いを行う会社が多くみられます。

3．判断基準

パートタイム・有期契約社員については健康診断に要した時間分の賃金を支払っていないケースもみられますが，ガイドラインでは，健康診断受診時の有給保障に関し，以下のとおり示されています。

> (3) 慶弔休暇並びに健康診断に伴う勤務免除及び当該健康診断を勤務時間中に受診する場合の当該受診時間に係る給与の保障
>
> 短時間・有期雇用労働者にも，通常の労働者と同一の慶弔休暇の付与並びに健康診断に伴う勤務免除及び有給の保障を行わなければならない。

つまり，正社員に対し，健康診断を受診する間の時間分を賃金控除することなく有給保障しているような場合には，パートタイム・有期契約社員についても有給保障が求められます。

勤務を有給のまま免除することにより，安心して健康診断を受けやすくし，労働者の健康確保を図るという趣旨を考えると，正社員もパートタイム・有期契約社員も違いはないため，同一の扱いが必要との考え方がとられています。

4．質問に対する回答

これまでに述べてきたとおり，健康診断の有給保障の性質・目的から考えると，パートタイム・有期契約社員についても正社員と同様に所定労働時間内で行われた健康診断の受診時間分の有給保障が求められます。ご質問にあるように，正社員とは異なり，健康診断の受診に要した時間を除いて賃金支払いを行わず，その後実際に勤務を開始した時点から賃金を発生させることは不合理な待遇差となる可能性があります。

なお，ガイドラインの同項目では，有給の慶弔休暇に関し，週２日等の短日数勤務者については勤務日の振替での対応を基本としつつ，振替が困難な場合のみ慶弔休暇を付与する扱いであれば問題とはならないことが示されています。

これに沿って考えると，受診対象者の要件にかかわらず，所定労働日数・時間の少ないパートタイム・有期契約社員にも健康診断を受けさせている場合で，シフト等の調整により通常勤務とは異なる時間帯で健康診断を受診するようなときには，その受診時間分の賃金支払いは必ずしも求められないものと思われます。ただし，所定労働日数・時間が正社員と比べて4分の3未満で健康診断の受診義務が生じていないパートタイム・有期契約社員については本来任意の健康診断を無給で受診することを会社から指示されることになるため，逆に不満を抱くパートタイム・有期契約社員が発生する可能性もあります。その場合には，希望者のみを受診させる等の配慮を行うことも考えられます。

27 会社が確保した駐車場の利用について

Q27 駐車場を設けられる規模が限られている事業所において，駐車場を社員のみ利用可としていることは問題になりますか。

A

1．概　要

駐車場の利用については，その性質と趣旨に照らして，正社員とパートタイム・有期契約社員との間で相違を設けることは不合理となる可能性があります。

2．判断基準

(1) ガイドライン

ガイドラインでは，通勤手当と福利厚生施設に関し，以下のとおり示されています。

> 3　手当　(7)　通勤手当及び出張旅費
> 　短時間・有期雇用労働者にも，通常の労働者と同一の通勤手当及び出張旅費を支給しなければならない。

通勤にかかる実費を補償するという通勤手当の性質・目的に照らし，ガイドラインでは，雇用形態にかかわらず，同一の支給を求めています。

> 4　福利厚生　(1)　福利厚生施設（給食施設，休憩室及び更衣室）
> 　通常の労働者と同一の事業所で働く短時間・有期雇用労働者には，通常の労働者と同一の福利厚生施設（給食施設，休憩室及び更衣室）の利用を認めなければならない。

福利厚生は，担当する職務内容には直接関係ないという性質・目的に照らし，ガイドラインでは，雇用形態にかかわらず，同一の待遇を求めています。

3．マイカー通勤の実態

公共交通機関が完備されていない地方の事業所や交替制勤務を行っている事業所では，マイカー通勤に依存しているケースが少なくありません。労務行政研究所の「通勤・業務における自動車管理の最新実態」労政時報第3698号(2007年）によりますと，東京都23区以外に所在する従業員数101人以上の204事業所を対象とした調査では，マイカー通勤を認める事業所は全体の94.1％で，「一切認めていない」は5.9％にとどまりました。

認めている192社に，対象者の制限について聞いたところ，「部署・勤務形態による対象者の制限はない」が85.9％と最も多く，「営業や交代勤務者など特定の部署・勤務形態の者のみに対象を限定している」は14.1％でした。しかし，許可条件では，「無条件に認める」は12.0％にとどまり，「通勤距離・時間や保険加入などの条件を満たした者のみに認める」とする事業所が84.9％を占めました。これは，駐車場スペースや駐車場費用，交通事故による補償などを考慮したものと思われます。

また，人手不足の市場をみますと，公共交通機関が不自由な事業所で，パートタイム・有期契約社員という理由でマイカー通勤を認めない事業所には，求人に対する応募が集まらない現状があります。

4．質問に対する回答

原則，マイカー通勤に関して，公共交通機関が不自由であれば，雇用形態にかかわらず，正社員と同一の事業場で働くパートタイム・有期契約社員には，同一の利用を認めなければなりません。駐車場の数に限りがあるため利用を制限するのであれば，雇用形態を理由とするのではなく，許可条件などで制限し，次のように就業規則に規定・周知しておくことが必要です。

（駐車場利用対象者）
第○条　次の基準をすべて満たした者で，かつ，会社の駐車場収容能力を勘案して会社が認めた者には，私有車による通勤を許可する。
　①　通勤距離が原則として●km以上ある場合
　　ただし，疾病，負傷および身体障害等のため自動車通勤が安全または適当と認められる者はこの限りでない。
　②　次の自動車保険に加入していること
　　　ⅰ）自賠責保険
　　　ⅱ）任意保険
　　　　対人賠償　　無制限保障
　　　　対物賠償　　無制限保障
　　　　搭乗者傷害　△△△万円以上
　③　その他通勤許可願の内容が私有車通勤を許可せざるを得ない事由を有する者

28 研修に違いをつけられるか

Q28 人材育成の目的で，正社員には新入社員研修，中堅社員研修，リーダー研修，その他職種別研修を受講させています。しかし，パートタイム・有期契約社員にはほとんど研修を行っていません。これからどのように対応すればよいですか。

A

1．概　要

現在の職務の遂行に必要な技能や知識を付与する趣旨で行われる研修については，職務の内容が正社員と同一のパートタイマー・有期雇用労働者には，正社員と同じ研修を受けさせないと，不合理な処遇と判断される可能性が高いと思われます。ただし，現在の職務内容は同じでも，将来の職務変更や配転の有無も加味して，研修の内容によっては，それをパートタイム・有期契約社員に行っていないからといって，不合理と判断されることにはならないと考えられます。

2．判断基準

(1) ガイドライン

ガイドラインで，「不合理な待遇の相違等の解消に向けては，賃金のみならず，福利厚生，キャリア形成・能力の開発及び向上等を含めた取組が必要であり，特に，職業能力の開発及び向上の機会の拡大は，短時間・有期雇用労働者及び派遣労働者の職業に必要な技能及び知識の蓄積により，それに対応した職務の高度化や通常の労働者への転換を見据えたキャリアパスの構築等と相まって，生産性の向上と短時間・有期雇用労働者及び派遣労働者の待遇の改善につながるため，重要であることに留意すべきである」と記載されているとともに，原則となる考え方として下記のとおり示されています。

> 5　その他
> (1)　教育訓練であって，現在の職務の遂行に必要な技能又は知識を習得するために実施するもの
> 　教育訓練であって，現在の職務の遂行に必要な技能又は知識を習得するために実施するものについて，通常の労働者と職務の内容が同一である短時間・有期雇用労働者には，通常労働者と同一の実施をしなければならない。また，職務の内容に一定の相違がある場合においては，その相違に応じた教育訓練を実施しなければならない。

能力の開発及び向上の機会の拡大が，パートタイム・有期契約社員等の生産性向上と処遇改善につながる重要事であると言っており，教育訓練については，特に強調していることが読み取れます。

(2)　パートタイム・有期雇用労働法

もともと改正前パートタイム労働法11条でも，1項で「通常の労働者に対して実施する教育訓練であって，当該通常の労働者が従事する職務の遂行に必要な能力を付与するためのものについては，職務内容同一短時間労働者（通常の労働者と同視すべき短時間労働者を除く）…が既に当該職務に必要な能力を有している場合その他厚生労働省で定める場合を除き，職務内容同一短時間労働者に対しても実施しなければならない。」と義務化されています。

今回，パートタイム・有期雇用労働法では，パートタイマーに加え，有期契約社員も法律の対象となりました。また，同条2項は「前項に定めるもののほか，正社員との均衡を考慮しつつ，その雇用するパートタイム・有期契約社員の職務の内容，職務の成果，意欲，能力及び経験その他の就業の実態に関する事項に応じ，当該パートタイム・有期契約社員に対して教育訓練を実施するように努めるものとする。」と，努力義務規定であることは変わりませんが，改正前パートタイム労働法に比べて「その他の就業の実態に関する事項」が追加され，パートタイム・有期契約社員に対する教育訓練の内容が拡大されていま

す。

3. 質問に対する回答

厚生労働省の「平成30年度能力開発基本調査」(平成31年3月29日公表) では，正社員以外に教育訓練を実施している事業所は，計画的なOJT，OFF-JTのいずれも，正社員の約半数となっています。この数字が同一労働同一賃金の観点から妥当なものかどうかは判断できませんが，個々の企業においては，緻密な検討を行い，パートタイム・有期契約社員にも研修を実施すべきかどうか決定する必要が出てきます。

職務遂行に必要な技能や知識を付与するための研修については，職務内容が同一ならば，正社員か否かに限らず同一の実施をしなければなりません。すべてが同一でなくても，業務の一部で従事する職務の遂行に必要な能力を付与するためのものであれば，その業務の部分に対する教育訓練は法律で実施義務があります。当該パートタイム・有期契約社員が，すでにその職務に必要な能力を有している場合は実施義務を免れますが，実施しない理由を問われた場合には，パートタイム・有期雇用労働法14条に従って，決定をするに当たって考慮した事項について当該労働者に説明しなければなりません。また，現在は同一職務に従事していても，リーダー研修等の将来的なキャリア形成を支援するために行われている研修は，それが予定されていないパートタイム・有期契約社員に実施しなくとも，不合理な待遇格差とはならない可能性が高いと思われます。

また，同一労働同一賃金とは別の観点から，労働安全衛生法59条等の他の法律により正社員以外にも義務付けられている教育訓練は当然すべての労働者に対して必須実施事項となりますので，注意が肝要です。

29 自ら不合理な待遇を認めるのは有効か

Q29 Aさんは，パート勤務をしています。Aさんには夫がいて，夫が配偶者特別控除を受けるため，正社員と同じ職務内容でありながら，賃金水準が正社員よりも低い水準であることをあえて認容して，勤務を続けています。このように自らが認めている場合でも，不合理な待遇であれば，その労働契約は無効なものとされてしまいますか。

A

1．概　要

新パートタイム・有期雇用労働法８条の規定は，強行規定とされています。したがって，同法に抵触する契約は，たとえそれを当事者間で是としていても無効と扱われます。

2．解　説

本質問の問題点は，次のような場合に現実化すると思われます。すなわち，所得税法では，納税者本人に所得の少ない配偶者がいる場合，その収入に応じた所得控除が認められています。

具体的に平成30年度以後の所得税制で見てみると，納税者本人の所得金額が900万円以下である場合には，配偶者の年収が103万円までは納税者本人につき38万円の所得控除が認められ，配偶者の年収が103万円を超え150万円以下であれば，配偶者特別控除として38万円の所得控除が認められます。なお，配偶者の年収が201万円以下までは逓減しての所得控除が受けられます（納税者本人の所得金額が900万円を超え1,000万円以下の場合は，所得控除額は上記より減額となり，1,000万円超では所得控除はなくなります）。そこで，夫の収入の方が多く，妻がパートとして働いているような場合，夫の配偶者控除，配偶者特別控除が使えるよう，あえて正社員より低い賃金水準であることを認識しながら，それでも良しとして勤務をしているという実態が，世上，多く見受けられます。

このように，正社員と比して不合理な処遇でありながら，その不合理な扱いを受けている当の労働者の側で，あえてこれを良しとして認めているような場合でも，その労働契約の内容が新パートタイム・有期雇用労働法８条の規定に違反しないか，私法上有効であるかどうかということについては問題となります。これについては，新パートタイム・有期雇用労働法８条は強行規定であり，これに反する契約は無効と解されますので，このような特別な事情がある場合であっても，その結論に差異はありません。

なお，配偶者特別控除を受けられる配偶者合計所得金額の範囲は，平成29年度の改正までは38万円超76万円未満であったものが，平成29年度の改正（平成30年以後の所得税に適用）で上述したとおり引き上げられており，また，配偶者控除・配偶者特別控除を受けられる納税者の合計所得金額が制限されました。このような所得税法の改正がなされたことにより，配偶者控除，配偶者特別控除を慮っての不合理な所得格差を，不合理な扱いを受けた労働者の側で受容していくという問題は，かつてより減少することになると思われますが，なお，完全解決がなされているものではありません。

３．質問に対する回答

正規・非正規の不合理な処遇の格差を，あえて承知して労働契約を締結した場合であっても，新パートタイム・有期雇用労働法８条は強行規定と解されますので，同条に抵触した労働契約は無効と評価されることになります。

30 裁判における不合理性の主張立証責任は誰にあるか

Q30 パートタイム・有期雇用労働法の施行後，パートタイマー（短時間労働者）が，使用者である事業主に対し，（例えば，食事手当が支給されていない，ないし支給額が少ないという）自身の受けている待遇が，同一の事業主の下で正社員としてフルタイムで働く者の（例えば，食事手当が支給されている，ないし支給額が多いという）待遇と相違して不合理であり，パートタイム・有期雇用労働法８条に違反すると主張して，損害賠償請求訴訟を提起した場合，当該不合理性についての主張立証責任は，原告である労働者と被告である事業主のいずれが負担することになりますか。

A

１．概　要

待遇の相違が不合理と認められるとの裁判所の評価を基礎付ける根拠となる事実については，原告である労働者に主張立証責任があり，当該相違が不合理と（まで）は認められないとの裁判所の評価を導くための根拠となる事実については，被告である事業主に主張立証責任があると考えられます。

２．解　説

(1) パートタイム・有期雇用労働法８条は，「短時間・有期雇用労働者の基本給，賞与その他の待遇のそれぞれについて，当該待遇に対応する通常の労働者の待遇との間において，…不合理と認められる相違を設けてはならない。」と定めているところ，この規定は，パートタイマーと正社員の待遇との不合理な相違を禁止した改正前パートタイム法８条の内容と有期雇用労働者（有期契約労働者）と無期雇用労働者（無期契約労働者）との労働条件の不合理な相違を禁止した改正前労契法20条の内容を盛り込んだものであり，これら２つの現行法と同趣旨の規定と理解されています。

(2) パートタイム法への改正の際に発せられた通達（平成26年７月24日基発0724第２号）において，労契法20条が新設された同法の2012（平成24）年改正の際に発せられた通達（平成24年８月10日基発0810第２号）中に，労契法20条に基づき民事訴訟が提起された場合の裁判上の主張立証について，「有期契約労働者が労働条件が期間の定めを理由とする不合理なものであることを基礎づける事実を主張立証し，他方で使用者が当該労働条件が期間の定めを理由とする合理的なものであることを基礎づける事実の主張立証を行うという形でなされ，同条の司法上の判断は，有期契約労働者及び使用者双方が主張立証を尽くした結果が総体としてなされるもの」と記載されていることが指摘されています。

(3) 労契法20条における「不合理と認められるものであってはならない」の主張立証責任について，ハマキョウレックス事件最高裁判決（最高裁平30.6.1判決　労判1179号20頁）は，有期労働契約者（有期雇用契約者）と無期労働契約者（無期雇用契約者）という「両者の労働条件の相違が不合理であるか否かの判断は規範的評価を伴うものであるから，当該相違が不合理であるとの評価を基礎付ける事実については当該相違が同条に違反することを主張する者が，当該相違が不合理であるとの評価を妨げる事実については当該相違が同条に違反することを争う者が，それぞれ主張立証責任を負うものと解される。」と判示しています（221頁以下参照）。

(4) なお，ハマキョウレックス事件最高裁判決においては，同時に，長澤運輸事件最高裁判決（最高裁平30.6.1判決　労判1179号34頁）を引用して，「労働契約法20条にいう「不合理と認められるもの」とは，有期契約労働者と無期契約労働者との労働条件の相違が不合理であると評価することができるものであることをいうと解するのが相当である。」と判示しています。

したがって，裁判所において判断されるべき事項は「不合理であるか否か」という点であるため，被告である使用者が主張立証すべき事実は，最高裁の判示するとおり，あくまで「不合理であるとの評価を妨げる事実」であり，必ずしも（積極的に）「合理的であるとの評価を基礎づける事実」である必要はありません。この点に関連して，上記(2)で紹介した通達の「使用者が当該労働条件が期間の定めを理由とする合理的なものであることを基礎づける事実の主張立証を行う」との記述についても，上記最高裁の判示内容に即して，理解されるべきであると思われます（219頁以下参照）。

(5) 長澤運輸事件最高裁判決においては，賞与が，正社員である無期雇用契約者（無期労働契約者）についてのみ支給され，「職務の内容」並びに「職務の内容及び配置の変更の範囲」が同一である有期雇用契約者には支給されていない点について，不合理性が認められませんでした。その際，最高裁は，①正社員に対する賞与の金額が基本給の５カ月分であることを指摘しつつも，②原告が定年退職後の再雇用者であること，③原告の賃金（年収）は定年退職前の79％程度であること，④再雇用者の賃金体系が，収入の安定に配慮しながら，労務の成果が賃金に反映されやすくなるように工夫した内容であること，を挙げているところ，①が不合理性を基礎付ける評価根拠事実であり，②ないし④が不合理性の評価を妨げる評価障害事実である，と整理することができると解されます（237頁以下参照）。

３．質問に対する回答

ご質問にある，食事手当の支給の有無（ないし支給金額の多寡）という点についてみると，例えば，原告である労働者としては，①食事手当の支給の趣旨が，勤務時間内に食事時間が挟まれている労働者に対する食費の負担補助にあること，②したがって，食事手当の支給の必要性は，自身と正社員としてフルタイムで働く労働者との「職務の内容」の異同や事業主における人材活用の仕組みと運用上の位置付けの相違により，異ならないこと，を食事手当の支給に関する相違が不合理であるとの評価を基礎付ける事実（評価根拠事実）として主張し，立証することが考えられます。

他方，被告である事業主としては，不合理であるとの評価を妨げる事実（評価障害事実）として，（支給額の多寡が問題となっている場合に）勤務時間内に挟まれる食事１回当たりに支給される食事手当の金額はパートタイマーに対しても正社員に対しても同額であり，１月当たり原告に支払われる食事手当の金額が少ないのは，１週間の勤務日数が正社員より少ないことに起因するにすぎないことを主張し，立証することが考えられます。

31 待遇差の説明義務とは

Q31 有期契約社員から正社員との待遇の相違について説明を求められました。どのように対応したらよいでしょうか。

A

1．概　要

パートタイム・有期雇用労働法では，パートタイム・有期契約社員から求めがあったときは，正社員との待遇差について説明することを事業主に義務付けています。このとき，その内容を理解できるようにわかりやすく説明する必要があります。

2．判断基準

(1) パートタイム・有期雇用労働法第14条第２項

> 事業主は，その雇用する短時間・有期雇用労働者から求めがあったときは，当該短時間・有期雇用労働者と通常の労働者との間の待遇の相違の内容及び理由並びに第６条から前条までの規定により措置を講ずべきこととされている事項に関する決定をするに当たって考慮した事項について，当該短時間・有期雇用労働者に説明しなければならない。

パートタイム・有期雇用労働法14条１項では，雇入れ時の説明義務を定めていますが，２項では，すでに雇用しているパートタイム・有期契約社員への説明義務を定めています。説明すべき内容は，正社員との待遇の相違の内容とその理由です。また，求めがあれば，パートタイム・有期雇用労働法の６条から13条までに規定されている措置の決定に当たって事業主が考慮した事項についても説明しなければなりません。

(2) パートタイム・有期雇用労働法第14条第3項

> 事業主は，短時間・有期雇用労働者が前項の求めをしたことを理由として，当該短時間・有期雇用労働者に対して解雇その他不利益な取扱いをしてはならない。

14条3項では，説明を求めてきたパートタイム・有期契約社員に対して，解雇などの不利益な取扱いをすることを禁止しています。

3．どのように説明するか

(1) 比較対象となる正社員について

平成30年12月28日「事業主が講ずべき短時間労働者及び有期雇用労働者の雇用管理の改善等に関する措置等についての指針」（以下「短時間・有期雇用労働指針」）では，①職務の内容（業務の内容と責任の程度）と②職務の内容と配置の変更範囲等が，最も近いと事業主が判断する正社員を比較対象とする考えが示されています。近さの順番は次のような組み合わせで判断します。

近さの順番	職務の内容		職務の内容と配置の変更範囲
	業務の内容	責任の程度	
1	同一	同一	同一
2	同一	同一	同一でない
3	同一	同一でない	（同一でない）
	同一でない	同一	（同一でない）
4	（同一でない）	（同一でない）	同一
5	同一でない	同一でない	同一でない

出典：平成31年1月30日「基発0130第1号・職発0130第6号・雇均発0130第1号・開発0130第1号（短時間労働者及び有期雇用労働者の雇用管理の改善等に関する法律の施行について）」（以下「法施行通達」）

同じ近さに複数の労働者が該当する場合は，基本給決定の重要な要素の同一性，所属事業所の同一性などの要素で，比較の対象労働者を絞り込むこともできます。また，比較の対象を1人とするか，同じ雇用管理区分に属する複数人とするか，実在しない賃金テーブル上の標準的なモデルとするかも事業主が選択できます。

事業主は，このような比較対象労働者の選定基準についても，説明を求めてきたパートタイム・有期契約社員に説明する必要があります。ただし，個人情報保護の観点から，比較対象となった正社員の個人名が説明の過程で特定されないようにする配慮が必要です。

(2) 待遇の相違の内容及び理由に関する説明の内容について

「短時間・有期雇用労働指針」では，待遇の実施基準の相違の有無，相違がある場合は，その具体的内容と理由を説明するように求める考えが示されています。さらに「法施行通達」でも，数量的な待遇については平均額，上限・下限額を示し，数量的でない待遇については標準的な内容や最も高い水準・最も低い水準を示すことが例示されています。説明を求めてきた者が１人の場合は，具体的な金額を示して説明する必要があります。「賃金は，各人の能力，経験等を考慮して総合的に決定している。」というような抽象的な説明では不十分であるとされています。

待遇の相違の理由については，パートタイム・有期雇用労働法８条の考え方に沿って，待遇のそれぞれについて，不合理な相違でないことを説明しなければなりません。当該待遇の性質及び当該待遇を行う目的に照らして適切と認められる基準で，待遇の相違の理由を説明します。

(3) 説明の方法について

説明の方法は，説明を求めてきたパートタイム・有期契約社員が，その内容を理解できるように資料を活用して，口頭で説明することが基本となります。ただし，説明資料が説明すべきことを網羅していて，わかりやすい内容のものであれば，その資料を渡すだけでも構いません。

⑷ 公法上の義務と司法判断根拠

説明を求めてきたパートタイム・有期契約社員が比較対象と考えている正社員と事業主が説明に選んだ通常労働者とが一致していないことも考えられます。また，事業主が説明した待遇の相違の理由を，パートタイム・有期契約社員が不合理だと思うこともあり得ます。そのような場合でも，事業主がわかりやすい説明を行っていれば，新パートタイム・有期雇用労働法14条2項に定める公法上の義務は履行したことになります。

一方，その説明を納得できない労働者は，行政による履行確保措置，裁判外紛争解決（行政ADR），司法的手続等によって自らの権利の救済を図ることができます。紛争解決が司法判断を求めるところまで及んだ場合は，不合理な待遇差の比較対象となる正社員の選定妥当性は，裁判所の決するところとなります。

4．説明義務の履行状況

改正前パートタイム労働法14条2項でも，パートタイム労働者から求めがあったときは，事業主が措置を講ずるに当たって考慮した事項についての説明義務がありました。

厚生労働省による「平成28年パートタイム労働者総合実態調査の概況」によると，過去3年間に15.5％の企業がパートタイマーから処遇に関する説明を求められたことがあり，その内98.8％の企業が説明を行っています。改正後は，適用対象が有期契約労働者に拡大され，説明すべき内容も拡大されます。事業主が説明義務を果たす局面も増大すると思われます。

5．質問に対する回答

有期契約社員から正社員との待遇の相違について説明を求められたときは，①職務の内容（業務の内容と責任の程度）と②職務の内容と配置の変更範囲等が，最も近いと判断できる正社員を選定し，待遇の内容と相違の理由を，資料を基にわかりやすく説明することが必要となります。また，説明を求めてきた労働者を不利益に取り扱うことは禁じられています。

32 客観的・具体的な実態に基づく判断方法とは

Q32 正社員とパートタイム・有期契約社員との間の待遇の相違の不合理性の判断に当たって，「将来の役割期待が異なるために，賃金の決定基準・ルールが異なる。」などというような主観的・抽象的な検討だけでは足りないとのことですが，どのような基準による判断が求められますか。

A

1．概　要

待遇の相違が不合理なものではないという事業主の判断は，①職務の内容（業務の内容と責任の程度），②職務の内容と配置の異動の範囲，③その他の事情に照らして，客観的・具体的な実態に基づいたものである必要があります。

2．判断基準

ガイドライン注1では，賃金等の待遇の相違の要因が，賃金等の決定基準・ルールの相違であるとき，主観的又は抽象的な説明では足りないとしています。そして，「賃金の決定基準・ルールの相違は，通常の労働者と短時間・有期雇用労働者の職務の内容，当該職務の内容及び配置の変更の範囲その他の事情のうち，当該待遇の性質及び当該待遇を行う目的に照らして適切と認められるものの客観的及び具体的な実態に照らして，不合理と認められるものであってはならない。」としています。

ガイドラインの不合理性の判断基準は，パートタイム・有期雇用労働法8条の考慮すべき事情を根拠としています。さらに，同法14条2項でも事業主に「待遇の相違の内容及び理由」についての説明義務が課せられていますが，その説明も客観的で合理的なものであることが求められます。

3．客観的・具体的な職務の内容

待遇の相違が不合理でないことを職務の内容から説明するためには，職務の内容を客観的・具体的に把握しておく必要があります。職務の内容とは，労働者の担当する業務の内容と責任の程度のことです。職務内容を客観的・具体的に説明するということは，どのような業務をどこまでの責任を持って遂行しているかを説明するということになります。

客観的・具体的な基準による判断の見本として，最高裁の判決文が参考になります。平成30年6月1日の長澤運輸事件最高裁判決では，バラセメントタンク車の乗員という職務の同一性が具体的に示されています。また，精勤手当の支給趣旨を，皆勤を奨励するために従業員の皆勤という事実に基づき支給されるものであると具体的に説明しています。

職務の内容を基準とし判断する方法をより完全なものとするためには，職務分析と職務評価を実施し，職務の内容を客観的に価値付ける職務等級制度等の導入が望ましいことになります。

4．職務の内容と配置の異動の範囲

日本の多くの企業では，新卒採用から定年退職まで，職務と配置の変更の範囲が，キャリア展開として制度化されています。このような制度を背景として，待遇の差異について説明するときは，「有為な人材の確保・定着を図る」などのように抽象的な表現でなく，人事異動の範囲などのキャリア展開について具体的に説明する必要があります。職務や責任の変更の体系はどのようになっているか，転勤の有無が具体的に労働条件の一部になっているかなども客観的な説明の要素となります。例えば，平成30年6月1日のハマキョウレックス事件最高裁判決は，転居を伴う配転が予定されている正社員と就業場所の変更が予定されていない契約社員を具体的に比較して，住宅手当の目的を具体的に考慮して，正社員にのみ住宅手当が支給されていることは不合理な格差でないと判示しています。

職務の内容と配置の異動の範囲による判断を首尾一貫したものにするために

は，人事異動やキャリア展開を人事・賃金制度に基づいて客観的に運用していくことが望まれます。

5．不合理性判断のためのその他の事情

職務内容やキャリア展開の範囲に相違がないにもかかわらず，別の事情を考慮して待遇の相違が設けられることがあります。このような場合の説明には，より客観性と具体性が求められることになります。例えば，「長期雇用を前提とした」というような表現でなく，「定年制度に基づく60歳までの雇用と３年間の有期プロジェクトの期間のみの雇用の相違」というような具体的・客観的な表現が必要です。また，労使交渉の具体的経緯なども具体的なその他の事情となります。

6．質問に対する回答

パートタイム・有期雇用労働法とガイドラインで求めているのは，客観的・具体的な実態を備えた基準による不合理性の判断です。それは，個々の待遇ごとに，業務内容と責任の程度，人事異動の範囲などのキャリア展開，その他考慮すべき事情などとの関連を，具体的事実や数量に基づいて行うということです。さらにその基準が，明瞭な人事・賃金制度に基づくものであれば，より客観的で具体的なものとなるでしょう。

33 その他の事情とは

Q33　長澤運輸事件の最高裁判決では，労働条件相違の不合理性の判断において，「定年退職後に再雇用された者であること」は，改正前労契法20条の「その他の事情」として考慮される事情に当たるとされました。「定年退職後に再雇用されたこと」以外に，「その他の事情」に該当するような事情があるとしたらどのようなことでしょうか。また，パートタイム・有期雇用労働法８条の「その他の事情」についても同じように考えることができますか。

A

1．概　要

改正前労契法20条では，労働条件の相違の不合理性の考慮の要素として①職務の内容（業務の内容と責任の程度），②職務の内容と配置の変更範囲，③その他の事情の３つを挙げています。長澤運輸事件（最高裁平30.6.1）の判決でも，労働条件は①②により一義的に定まるものではなく，様々な事情に関する経営判断，団体交渉による労使自治等①②の事情に限定されない「その他の事情」も考慮の要素として挙げています。「定年退職後に再雇用された」という事情も，このような経営判断・労使自治などのその他の事情の１つとしてとらえることができるでしょう。パートタイム・有期雇用労働法８条でも同様に①②③の３つの事情を「待遇の相違」の不合理性の考慮要素としています。

2．最高裁判決のポイント

長澤運輸事件では，①②の同一性については争いがなく，③のとらえ方で，一審と二審で判断が分かれました。最高裁では，長澤運輸における定年退職後の再雇用のあり方を改正前労契法20条の「その他の事情」として考慮した場合，有期労働契約者と無期労働契約者の間の労働条件の相違は不合理でないと判示しました。ただし，精勤手当と超勤手当に関しては，その手当の支給の趣旨を個別に考慮するとその他の事情を考慮しても不合理と認められるとされました。

最高裁判決は，定年退職後再雇用が「その他の事情」に該当する理由として，定年制の下における無期契約労働者の賃金体系と定年後の有期雇用における賃金体系とでは，その背景が異なることを挙げています。「定年制は，使用者が，その雇用する労働者の長期雇用や年功的処遇を前提としながら，人事の刷新等により組織運営の適正化を図るとともに，賃金コストを一定限度に抑制するための制度ということができる」としています。これに対して，定年退職後の再雇用では，それまで無期契約労働者として雇用されてきて，要件を満たせば老齢厚生年金を支給することが予定されている者を，長期雇用を予定せずに雇用したものとしています。つまり，定年前後の雇用における，予定されている雇用期間の長さ，経営判断による人事制度のあり方，年金制度や高年齢者雇用という社会政策のあり方などの差異が，不合理性の判断における「その他の事情」として考慮されています。

また，最高裁判決では，精勤手当と超勤手当の判断にみられるように，「両者の賃金総額を比較することのみによるのではなく，当該賃金項目の趣旨を個別に考慮すべき」としている点も重要です。「その他の事情」に照らす評価も賃金項目ごとに個別に行わなければならないということです。長澤運輸事件最高裁判決と同じ日に同じ裁判官で判決されたハマキョウレックス事件でも，不合理性は手当ごとに個別に判断されています。

３．改正前労契法第20条の解釈

改正前労契法20条では，不合理な労働条件の相違の禁止について次のように定めていました。

> 当該労働条件の相違は，労働者の業務の内容及び当該業務に伴う責任の程度（以下この条において「職務の内容」という。），当該職務の内容及び配置の変更の範囲その他の事情を考慮して，不合理と認められるものであってはならない。

厚生労働省の施行通達（平成24年８月10日基発0810第２号）では，「その他の事情」について「合理的な労使の慣行などの諸事情が想定される」と解釈されています。学説では，所定労働時間の長さ，残業義務の有無，勤続年数等が，「その他の事情」の指標になり得るとされています[6]。また，労働条件の不利益変更の合理性の判断要素が，労働条件の相違の不合理性の判断と対比できるという指摘があります[7]。

４．パートタイム・有期雇用労働法の解釈

改正前労契法20条と改正前パートタイム労働法８条が統合され，パートタイム・有期雇用労働法８条となりました。この統合により，パートタイマーと有期契約社員の双方が対象となり，不合理な「労働条件」から不合理な「待遇」へと禁止対象の文言が変更となりました。文言は変わりましたが，基本給，賞与，諸手当，福利厚生等，解雇，配転，懲戒処分等の広い意味での「労働条件」・「待遇」における不合理が禁止の対象に含まれることは同じです。①「職務の内容」，②「当該職務の内容及び配置の変更の範囲の相違」，③「その他の事情」という考慮要素は同じですが，個々の待遇の性質と目的に照らして判断されることになりました。

6　菅野和夫『労働法（第11版補正版）』338頁（弘文堂，2017年）

7　荒木尚志「定年後嘱託再雇用と有期契約であることによる不合理性格差禁止―労働契約法20条の解釈～長澤運輸事件を素材として」労働判例1146号５頁（2017年）

また,「同一労働同一賃金に関する法整備について（報告）」[8]では，考慮要素としての「その他の事情」について，次のように報告しています。

> 考慮要素として,「その他の事情」の中から，新たに「職務の成果」「能力」「経験」を例示として明記することが適当である。また，労使交渉の経緯等が個別事案の事情に応じて含まれうるということを明確化するなど,「その他の事情」の範囲が逆に狭く解されることのないよう留意が必要である。

5．質問に対する回答

上記1．～4．でご説明した「その他の事情」に該当する要素は，下枠内のように整理することができます。ここで整理した内容は，定年退職後の再雇用についても，それ以外のケースについても，待遇の相違の不合理性の考慮要素とすることができます。ただし，これからは，パートタイム・有期雇用労働法8条とガイドラインを踏まえて,「待遇」それぞれについての不合理性を判断していかなければならなくなりました。

> ⑴　労使の慣行，人事制度，労使の交渉経緯等の労使自治に関わる要素
> （ただし，労使交渉が少数者への差別を生むことがないように，非正規雇用労働者の意見も反映させた形での公正な手続が求められます。）
> ⑵　わが国における社会政策等の状況を踏まえた対応
> ⑶　予定または実績における雇用期間の長さ
> （ただし，長期雇用を前提としたというような主観的・抽象的な説明でなく，客観的・具体的な期間の長短でなければなりません。）
> ⑷　待遇それぞれの性質及び当該待遇を行う目的に照らして考慮された「職務の成果」「能力」「経験」等の要素
> （待遇のそれぞれについて具体的に判断していく助けになるように「同一労働同一賃金ガイドライン」が作成されました。このガイドラインが，その他の「その他の事情」の事例集になっているということもできます。）

8　第6回労働政策審議会労働条件分科会・職業安定分科会・雇用均等分科会同一労働同一賃金部会「同一労働同一賃金に関する法整備について（報告）」（平成29年6月9日）

34 正社員の待遇を引き下げて対応できるか

Q34 弊社では，パートタイム・有期契約社員の待遇を引き上げるための財源がありません。正社員とパートタイム・有期契約社員の不合理な待遇差の解消のために，正社員にのみ支給されている住居手当の廃止などの正社員の待遇を引き下げることで対応したいのですが，問題ありませんか。

A

1．概　要

働き方改革関連の法改正は，パートタイム・有期契約社員の待遇を改善することを目的としていますので，正社員の待遇を引き下げることで格差を是正する方法は，この趣旨に反しています。また，改正法の趣旨に反した待遇の変更は，労働条件の不利益変更法理に抵触する可能性があります。

2．判断基準

(1) パートタイム・有期雇用労働法第8条の立法趣旨

同一労働同一賃金の実現に向けた検討会の「中間報告」[9]では，「不合理な格差を是正し，非正規社員の待遇を改善させることが強く求められる。」と法改正の趣旨を述べています。また，働き方改革関連法の国会成立の前日に，次のような付帯決議がなされました。

9　同一労働同一賃金の実現に向けた検討会「中間報告」1頁（2016年）

> パートタイム労働法，労働契約法，労働者派遣法の三法改正による同一労働同一賃金は，非正規雇用労働者の待遇改善によって実現すべきであり，各社の労使による合意なき通常の労働者の待遇引下げは，基本的に三法改正の趣旨に反するとともに，労働条件の不利益変更法理にも抵触する可能性がある旨を指針等において明らかにし，その内容を労使に対して丁寧に周知・説明を行うことについて，労働政策審議会で検討を行うこと[10]。

このように，法改正の立法趣旨は，パートタイム・有期契約社員の待遇改善による「同一労働同一賃金」です。手当を廃止する等の正社員の待遇の引下げによる方法でなく，パートタイム・有期契約社員の待遇の改善による対応が求められています。

(2) 労働条件の不利益変更の法理

ご質問にあるように「財源が足りない」等のやむを得ない理由があるときも，待遇引下げによる対応がすべて禁止されていると言えるでしょうか。

労働条件の不利益変更の要件については，労契法９条と10条に規定されています。労契法９条は，労働者の合意の無い労働条件の不利益変更を原則禁止していますが，労働者の合意のある場合はこの限りでないことになります。また，前掲の参議院厚生労働委員会付帯決議でも，「各社の労使による合意なき正社員の待遇引下げ」は，改正趣旨に反するとしていますので，各社労使の合意がある場合は，待遇の引下げを容認していることになります。

労使の合意のない場合でも，労契法10条に掲げる諸要素に照らして，不利益変更を受忍せざるを得ない高度の合理性があれば，労働条件を不利益に変更することが可能です。労契法10条の考慮要素は，第四銀行事件等の判例法の蓄積を成文法化したものです。労使に争いがある場合，合理的なものであるか否かを決するのは，裁判所ということになります。最高裁は，次に掲げる７つを合理性の判断要素としました。

10　参議院厚生労働委員会「働き方改革を推進するための関係法律の整備に関する法律案に対する付帯決議32」（平成30年６月28日）

第四銀行事件（最高裁平９．２．28判決）の合理性判断要素 ①不利益の程度　②変更の必要性　③内容の相当性　④代償措置その他 ⑤労働組合等との交渉経緯　⑥他の労働組合・従業員の対応 ⑦同種事項に関するわが国社会における一般的状況

不合理な待遇差の解消のために正社員の待遇を引き下げることで対応することは，改正法の趣旨に反しますので，③の内容の相当性に欠けることになります。③の相当性に欠けているという要素を上回るほど，②の待遇の引下げの必要性があると認められるケースは，均衡待遇云々の以前に，賃金支給が困難なほど経営が悪化している場合等に限られます。

３．住宅手当の性質と裁判例

ご質問にあった「住宅手当」の性質によっては，正社員にのみ支給しても，不合理な待遇の格差とならない場合もあります。転居を伴う配転が予定されている正社員は，就業場所の変更が予定されていない契約社員と比較して住宅に要する費用が多額となり得るため，住宅に要する費用を補助する趣旨の「住宅手当」を正社員にのみ限定して支給することは不合理でないとする，改正前労契法20条に基づく裁判例もあります（ハマキョウレックス事件　最高裁平30．6．1判決）。このような場合は，現状のままでも不合理性の問題はなく，パートタイム・有期契約社員に住宅手当を支給する必要も，正社員の住宅手当を廃止する必要もないということになります。

また，転居を伴う配転が予定されていない一般職社員に支給されていた「住居手当」が，同じく転居を伴う配転が予定されていない契約社員に支給されないのは，不合理な相違だとされた裁判例もあります（日本郵便（大阪）事件　大阪地裁平30．2．21判決，大阪高裁31．1．24判決，最高裁令2．10．15判決）。このような場合は，何らかの方法で不合理を解消する必要があります。

前掲の日本郵便（大阪）事件のケースでは，当該会社が，2018（平成30）年10月から10年かけて一般職社員の「住居手当」を廃止すると報道されました。しかし，これを正社員の待遇引下げによる対応の例としてだけとらえるのは不十分です。このケースで一般職社員に転居を伴う配転が予定されなくなったのは，2014（平成26）年４月１日以降のことで，それ以前の人事制度における旧一般職社員には，転居を伴う配転義務が課せられていました。裁判所は，配転義務のある旧一般職社員と契約社員を比較した場合は，契約社員への住居手当の不支給に一定の合理性があったと判示しています。つまり，このケースにおける待遇の引下げには，人事制度変更に伴い，「住居手当」支給対象者と支給目的にズレが生じたことの修正という意味合いもありました。また，労働組合と交渉し合意していること，不利益の衝撃を緩和するために10年かけて段階的に廃止していること，賃金制度全体の中で一定の代償措置の導入等の，労働条件の不利益変更の法理を踏まえた対応も行っています。

４．質問に対する回答

不合理な格差の是正は，パートタイム・有期契約社員の待遇改善によって実現すべきであり，手当の廃止等の正規雇用労働者の待遇引下げの方法はとるべきではありません。

「財源」が不足していることだけでは，待遇引下げの理由になりません。まず，財源の不足に対応すべく，売上総利益の向上，労働生産性の向上を図る必要があります。

また，安易に待遇の引下げという手法をとるのでなく，企業の付加価値の分配の構造の改革を，賃金制度全体の合理的な改革の中で実現していく手法もあります。この場合は，新たな賃金制度全体に相当性がありますから，個々の待遇に不利益が発生したとしても，労働条件の不利益変更の法理を踏まえて対応していくことが可能です。

さらに，待遇差があっても，その待遇の性質と目的によっては，不合理な格差とならないこともあります。手当支給対象者の拡大や，逆に，手当の廃止といった措置を行う前に，手当の性質と目的を考慮して，その措置が本当に必要か判断した方がよいと思われます。

第 3 部

法律解説編

第 1 章

わが国における
同一労働同一賃金法制

I 働き方改革関連法の成立

2018（平成30）年６月29日，「働き方改革を推進するための関係法律の整備に関する法律（平成30年法律第71号）（以下「働き方改革関連法」という）」が参議院本会議で可決成立し，同年７月６日に公布された（制定の経緯については，図表を参照（150頁））。働き方改革関連法の概要は，①働き方改革の総合的かつ継続的な推進，②長時間労働の是正，多様で柔軟な働き方の実現等，③雇用形態にかかわらない公正な待遇の確保であるが，このうち③がいわゆる「同一労働同一賃金」と言われるものである。

働き方改革関連法では，上記③に関し，「短時間労働者の雇用管理の改善等に関する法律（以下「パートタイム労働法」という）」，「労働契約法（以下「労契法」という）」，「労働者派遣事業の適正な運営の確保及び派遣労働者の就業条件の整備等に関する法律（以下「労働者派遣法」という）」が一括改正されることとなった。働き方改革関連法は，2019（平成31）年４月１日に施行され，主要な改正規定が順次施行されることになっている。具体的には，同一労働同一賃金については，パートタイム労働法及び労契法の改正規定の適用は2020年４

月1日（中小企業は2021年4月1日）から，労働者派遣法の改正規定の適用は2020年4月1日から（中小企業についての1年遅れの適用なし）となっている。

この働き方改革関連法の成立に先立つ2016（平成28）年12月20日，「働き方改革実現会議（以下「実現会議」という）」（内閣府）は，「同一労働同一賃金ガイドライン案（以下「ガイドライン案」という）」を公表し，さらに2017（平成29）年3月28日，「働き方改革実行計画（以下「実行計画」という）」をまとめ，その実現に向けたロードマップを示した。ガイドライン案は，正規か非正規かという雇用形態にかかわらない均等・均衡待遇を確保し，同一労働同一賃金の実現に向けて策定されたものである。

ガイドライン案については，2018（平成30）年8月30日に開催された「第9回労働政策審議会　職業安定分科会　雇用環境・均等分科会　同一労働同一賃金部会」の資料として，ガイドライン案に修正・追記をした「同一労働同一賃金のたたき台（短時間・有期雇用労働者に関する部分）（以下「指針たたき台」という）」が提示された。その後，指針たたき台は，同部会において議論・修正を経た後，「短時間・有期雇用労働者及び派遣労働者に対する不合理な待遇の禁止等に関する指針案」として同年11月27日に開催された同部会（第15回・最終回）に諮問され，同年12月21日，労働政策審議会の答申が行われ，同月28日，「短時間・有期雇用労働者及び派遣労働者に対する不合理な待遇の禁止等に関する指針（平成30年厚生労働省告示第430号）（以下「ガイドライン」という）」が公布・告示された。

本書では，次章以下で，「短時間労働者の雇用管理の改善等に関する法律」から改正・名称変更された「短時間労働者及び有期雇用労働者の雇用管理の改善等に関する法律（以下「パートタイム・有期雇用労働法」という）」と，改正された労働者派遣法について，同一労働同一賃金の詳細について解説していくこととする。

なお，本書において，上記の法律の対象となる労働者を称する際には，各法律の文言に沿った表現をすることを原則としており，「有期契約労働者（労契法）」と「有期雇用労働者（パートタイム・有期雇用労働法）」は，ともに期間の定めのある労働契約を締結している労働者のことを意味する。また，本書においては，特に区別して記載しない限り，これらと「有期雇用者」「有期契約社員」を同義で使用している。パートタイム労働法及びパートタイム・有期雇用労働法にいう「短時間労働者」と「パートタイム労働者」「パート社員」「パート」についても同様である。

【図表】働き方改革関連法制定（同一労働同一賃金の実現）までの主な経緯

2015年（平27）	10月	内閣府に「一億総活躍国民会議（国民会議）」立ち上げ
2016年（平28）	1月22日	安倍首相が施政方針演説において「同一労働同一賃金の実現に踏み込む」旨表明
	3月23日	「同一労働同一賃金の実現に向けた検討会（検討会）」（厚生労働省・内閣府）スタート
	6月2日	国民会議による「ニッポン一億総活躍プラン」が閣議決定
	9月27日	「働き方改革実現会議（実現会議）」（内閣府）スタート
	12月16日	検討会が「中間報告」公表
	12月20日	実現会議が「同一労働同一賃金ガイドライン案（ガイドライン案）」公表
2017年（平29）	3月15日	検討会が「報告書」公表
	3月28日	実現会議が「働き方改革実行計画（実行計画）」決定
	4月	労働政策審議会（労政審）が「同一労働同一賃金部会（部会）」設置
	6月9日	部会が報告・建議
	9月15日	労政審が「働き方改革関連法案要綱」答申
2018年（平30）	4月6日	第196回国会に「働き方改革関連法案」提出
	6月29日	「働き方改革関連法」成立

Ⅱ 非正規雇用労働者（短時間労働者，有期雇用労働者，派遣労働者）の待遇に関する改正法の概要

働き方改革関連法の成立により，改正されたパートタイム・有期雇用労働法では，短時間労働者（「1週間の所定労働時間が同一の事業主に雇用される通常の労働者（当該事業主に雇用される通常の労働者と同種の業務に従事する当該事業主に雇用される労働者にあっては，厚生労働省令で定める場合を除き，当該労働者と同種の業務に従事する当該通常の労働者）の1週間の所定労働時間に比し短い労働者（2条1項)」）だけでなく，有期雇用労働者（「事業主と期間の定めのある労働契約を締結している労働者（2条2項)」）もその適用対象となった。

パートタイム・有期雇用労働法は，短時間・有期雇用労働者（「短時間労働者及び有期雇用労働者（2条3項)」）と通常の労働者（いわゆる正社員がこれに当たると考えられる）との待遇に関し，均衡待遇規定（不合理な待遇差の禁止，8条）と均等待遇規定（差別的取扱いの禁止，9条）を置き，改正前のパートタイム労働法の規定を踏襲しつつ，さらに内容を明確化した。すなわち，8条では，待遇ごとに①職務の内容（業務の内容及びそれに伴う責任の程度），②職務の内容・配置の変更の範囲，③その他の事情の違いを考慮した上で，不合理な待遇差が禁止され，9条では，上記①及び②（ただし，全期間を通して）が同じ場合，各待遇における差別的取扱いが禁止される。

また，派遣労働者についても，改正労働者派遣法において，①派遣先の労働者との均等・均衡待遇，②一定の要件を満たす労使協定による待遇のいずれかを確保することが義務付けられた（30条の3，30条の4）。

【図表】改正前後の比較

【改正前→改正後】○：規定あり　△：配慮規定　×：規定なし　◎：規定の解釈の明確化

	パート	有期雇用労働者	派遣労働者
均衡待遇規定	○→◎	○→◎	△→○　＋労使協定
均等待遇規定	○→○	×→○	×→○　＋労使協定

出典：厚生労働省リーフレット「働き方改革関連法が成立しました」1頁
https://www.mhlw.go.jp/content/000341507.pdf　より

Ⅲ 非正規雇用労働者の待遇に関する従来の制度

1．同一労働同一賃金原則

本来の意味における「同一労働同一賃金」とは，「職務内容が同一の労働者に対し同一の賃金を支払うべきである」とのルールを意味する。「同一（価値）労働同一賃金」は，もともと男女差別についての議論であり，わが国も批准しているILO100号条約（1951年）や国連女子差別撤廃条約（1979年）において規定されている。しかし，男女同一賃金の原則につき「使用者は，労働者が女性であることを理由として，賃金について，男性と差別的取扱いをしてはならない。」と定める労働基準法（以下「労基法」という）4条については，「同一（価値）労働同一賃金」自体を定めたものではないとの解釈が有力である（東京大学労働法研究会編『注釈労働基準法上巻』102頁（両角道代）（有斐閣，2003年））。

このことから，わが国においては，同一労働同一賃金原則を正面から規定する法律は存在せず，後述（Ⅳ）するように，裁判例もまた，わが国における同一労働同一賃金原則の存在については否定的であった。

なお，働き方改革関連法において，「同一労働同一賃金」が実現されたと言われることが多いが，その内容は，Ⅱで見てきたとおり，職務の同一性以外の事情も考慮するものであり，本来の意味における「同一労働同一賃金」とは異なるものである。

2．労基法（第3条）

均等待遇について定める労基法3条は，「使用者は，労働者の国籍，信条又は社会的身分を理由として，賃金，労働時間その他の労働条件について，差別的取扱をしてはならない。」として，国籍・信条・社会的身分を理由とする賃金等の労働条件の差別的取扱いを禁止している。同条にいう「社会的身分」とは，①生来的な地位に限られるとする見解と，②後発的理由によるものであっても，一定期間にわたって自らの意思をもって離れることのできない固定した地位も含まれるとする見解があるが，いずれの見解によっても，パート・臨時工などの非正規雇用労働者であること（従業員としての地位）はこれに該当しない（厚生労働省労働基準局編『平成22年版 労働基準法（上）』75頁（労務行政，2011年），東京大学労働法研究会編『注釈労働基準法上巻』96頁（両角道代）（有斐閣，2003年））。

したがって，わが国においては，非正規雇用労働者に対する差別的待遇を規制する法律が長いこと存在しなかった。

3．パートタイム労働法

(1)　2007（平成19）年改正パートタイム労働法

非正規雇用社員の増加とともに，正規雇用社員と非正規雇用社員の処遇格差が社会的問題となったことや，少子高齢化・労働力人口減少社会において，パートタイム労働者がその有する能力を一層有効に発揮することができる雇用環境を整備する必要性等から，1993（平成5）年に制定されたパートタイム労働法が2007（平成19）年にほぼ全面改正され，一定の要件を満たしたパートタイム労働者について，初めて均等待遇が規定された。すなわち，同法8条（以下「旧8条」という）は，①通常の労働者と職務の内容（業務の内容とそれに伴う責任の程度）が同一，②雇用関係が終了するまでの全期間において，職務の内容・配置の変更の範囲（人事異動等の有無や範囲）が通常の労働者と同一，③契約上又は実態上期間の定めのない労働契約を締結している，の3要件を満たす短時間労働者（「通常の労働者と同視すべき短時間労働者」）について，差別的取扱いを禁止した。しかし，この３要件を満たすパートタイム労働者は非常に少なかったため，この規定によって救済される者はごくわずか（1.3%。厚生労働省「平成23年パートタイム労働者総合実態調査」）にとどまった。

また，同法９条においては，事業者に対し，旧８条の適用が予定されている通常の労働者と同視すべき短時間労働者以外の短時間労働者について，通常の労働者との均衡を考慮しつつ，職務の内容・職務の成果・意欲・能力・経験等を勘案して賃金を決定する努力義務を課すなど，均衡のとれた待遇の確保を促す規定も存在した。

⑵　2014（平成26）年改正パートタイム労働法第８条，第９条

旧８条の通常の労働者との差別的取扱いが禁止されるパートタイム労働者の範囲を拡大するため，上記３要件のうち，③を削除し，９条とした。もっとも，これにより対象となるパートタイム労働者の割合は微増したにすぎなかった。

また，後述（４.）の労契法20条と同じ構造の規定として新たに８条を設け，「通常の労働者」とパートタイム労働者の均衡待遇が義務付けられることとなった。

９条違反の効果については，学説上争いがあるが，同条違反の法律行為は無効であるものの，同条の効力により短時間労働者の労働条件が比較の対象である通常の労働者の労働条件と同一のものとなるという補充的効力までは認められないと解する説が有力である。同条（旧８条１項）違反が問題となった裁判例は，わずかにニヤクコーポレーション事件（大分地裁平25. 12. 10判決　労判1090号44頁）と京都市立浴場運営財団ほか事件（京都地裁平29. ９. 20判決　労判1167号34頁）を数えるのみであるが，両判決とも，同条違反の差別的取扱いについて不法行為に基づく損害賠償による救済を認めており，上記学説と同様の立場に立つものと評価できる。

4．労契法（2012年改正労契法第20条）

(1) 改正の趣旨・概要

有期契約労働者については，無期契約労働者に比較して，雇止めの不安があることによって合理的な労働条件の決定が行われにくいことや，その処遇に対する不満が多く指摘されていた。そこで，労契法を改正し（2012（平成24）年8月成立），有期契約労働者について，期間の定めがあることによる不合理な労働条件の禁止を規定する条文を追加することとした（20条）。その内容は，同一使用者に雇用される有期契約労働者と無期契約労働者の労働契約の内容となる労働条件が，期間の定めのあることにより相違する場合，当該労働条件の相違が，①職務の内容（業務の内容とそれに伴う責任の程度），②職務の内容・配置の変更の範囲，③その他の事情を考慮して，不合理と認められるものであってはならないというものである。

本条の「不合理な労働条件の相違」の禁止について，学説は，①均衡処遇（バランスのとれた処遇）を求めるものであるとする見解と，②同一の処遇（均等処遇）を求めるものとバランス（均衡処遇）を求めるものの2つが含まれているとする見解に分かれている（水町勇一郎「不合理な労働条件の禁止と均等・均衡処遇（労契法20条）」野川忍ほか編『変貌する雇用・就労モデルと労働法の課題』328頁以下（商事法務，2015年））。この点につき，第5章で詳述する平成30年6月1日に言い渡された2つの最高裁判決（ハマキョウレックス事件，長澤運輸事件）は，「職務の内容等の違いに応じた均衡のとれた処遇を求める規定である」と判示している。

(2) 要　件

労契法20条が適用される要件，すなわち，同法違反となる場合は，同法の文理に照らせば，①「同一の使用者」と契約している有期契約労働者と無期契約労働者の「労働契約の内容となる労働条件」について相違があり，②当該労働条件の相違が「期間の定めがあることにより」生じているものであり，③当該労働条件の相違が「不合理と認められるもの」であることである。そこで，以下に，各要件について概説する。

① 「同一の使用者」と契約している有期契約労働者と無期契約労働者の「労働契約の内容となる労働条件」について相違があること

「同一の使用者」とは，労働契約を締結する法律上の主体が同一であることを意味し，事業場単位ではなく，事業主単位で判断される（平成24年８月10日基発0810第２号（以下「24年通達」という）第５の６⑵ウ）。

本条で不合理な相違が問題となる「労働契約の内容となる労働条件」については，広く解する見解が有力である。すなわち，賃金・諸手当，労働時間・休日の基準などの基幹的労働条件だけでなく，休暇，災害補償，教育訓練，福利厚生給付の内容，解雇・配転・出向の基準，服務規律，懲戒処分の基準などもこれに含まれる（荒木尚志・菅野和夫・山川隆一『詳説労働契約法（第２版）』233頁（弘文堂，2014年），24年通達第５の６⑵イ参照）。

② 当該労働条件の相違が「期間の定めがあることにより」生じているものであること

「期間の定めがあることにより」とは，有期契約労働者と無期契約労働者との労働条件の相違が期間の定めの有無に関連して生じたものであることをいう（ハマキョウレックス事件最高裁判決（最高裁平30．６．１判決　労判1179号20頁），長澤運輸事件最高裁判決（最高裁平30．６．１判決　労判1179号34頁））。

③ 当該労働条件の相違が「不合理と認められるもの」であること

「不合理と認められるもの」とは，有期契約労働者と無期契約労働者との労働条件の相違が不合理であると評価することができるものであることをいう（ハマキョウレックス事件最高裁判決（最高裁平30．６．１判決　労判1179号20頁），長澤運輸事件最高裁判決（最高裁平30．６．１判決　労判1179号34頁））。

不合理性の考慮要素である①職務の内容（業務の内容とそれに伴う責任の程度），②職務の内容・配置の変更の範囲，③その他の事情のうち，①職務の内容は，無期契約労働者と有期契約労働者の従事している業務の内容及び当該業務に伴う責任の程度を比較するものであり，②職務の内容・配置の変更の範囲は，無期契約労働者と有期契約労働者の転勤，昇進などの人事異動や役割の変更の有無・範囲，すなわち，当該企業における人材活用の仕組みにおける無期契約労働者と有期契約労働者の位置付けの相違を比較するものといえる（24年通達第５の６(2)エ参照）。③その他の事情としては，①・②に限定されず（長澤運輸事件最高裁判決（最高裁平30．６．１判決　労判1179号34頁）），職務の成果，意欲，能力又は経験，所定労働時間の長さ，残業義務の有無，勤続年数，技術の習熟度，経験の蓄積度，判断能力の形成度，企業への貢献度，労使間の交渉の経緯等様々な事情が考慮要素となると考える。

不合理性の判断は，個別の労働条件ごとに行われる（長澤運輸事件最高裁判決（最高裁平30．６．１判決　労判1179号34頁））。

(3)　効　果

本条違反の労働条件の相違は無効であるが，同条の効力により当該有期契約労働者の労働条件が比較の対象である無期契約労働者の労働条件と同一のものとなるものではなく（ハマキョウレックス事件最高裁判決（最高裁平30．６．１判決　労判1179号20頁），長澤運輸事件最高裁判決（最高裁平30．６．１判決　労判1179号34頁）），補充的効力は認められない。

Ⅳ　パートタイム労働法，労契法改正（2014（平成26）年）前の「同一労働同一賃金」についての裁判例の状況

以上のように，パートタイム労働法及び労契法の改正により，非正規雇用労働者について均等又は均衡待遇を求める規定が設けられたが，その間，裁判所が同一労働同一賃金に対し，どのような態度をとってきたか，この章の最後に見ていくこととする。

１．丸子警報器事件（長野地裁上田支部平成８年３月15日判決　労判690号32頁）

本件は，２カ月の有期労働契約により採用され，長期間（４～25年）にわた

り反復更新を続けた女子臨時社員28名が，正社員と同じ労働時間（1日の所定労働時間は15分短いが，残りの15分は残業扱い），同じ職務（同じ工場の組立ライン）であるのに，不当な賃金差別により損害を受けたとして，会社に対し不法行為に基づく損害賠償を請求した事案である。原告となった女子臨時社員らは，労働内容が同一である女性正社員との賃金格差について，憲法14条，労基法3条・4条に違反する違法な差別行為である，同一（価値）労働同一賃金の原則という公序良俗に反するなどと主張した。

判決は，同一（価値）労働同一賃金の原則が，労働関係を規律する一般的な法規範として存在していると認めることはできないと述べる一方で，一般論として，「賃金格差が現に存在しその違法性が争われているときは，その違法性の判断にあたり，この原則の理念が考慮されないで良いというわけでは決してない」と述べ，「同一（価値）労働同一賃金の原則の基礎にある均等待遇の理念は，賃金格差の違法性判断において，ひとつの重要な判断要素として考慮されるべきものであって，その理念に反する賃金格差は，使用者に許された裁量の範囲を逸脱したものとして，公序良俗違反の違法を招来する場合があると言うべきである」とした。

その上で，本事案においては，女性臨時社員らの賃金が，「同じ勤続年数の女性正社員の8割以下となるときは，許容される賃金格差の範囲を明らかに超え，その限度において会社の裁量が公序良俗違反として違法となる」と判断し，女性臨時社員らの賃金格差による損害として，正社員の8割を下回った分を認めた（女性臨時社員らのうち2名を除く）。

2．日本郵便逓送事件（大阪地裁平成14年5月22日判決　労判830号22頁）

本件は，郵便局間の郵便物の運送及び郵便ポストなどからの取集業務を扱う会社と，雇用期間を3カ月として4年～8年にわたり有期労働契約を反復更新してきた期間臨時社員（臨時社員運転士）らが，正社員の運転士（本務員）と同様のトラック等による郵便物等の輸送業務等をしているにもかかわらず，会社が，正社員と同一の賃金を支払わないのは，同一労働同一賃金の原則に反し公序良俗違反であり，不法行為に該当するとして，正社員との賃金差額相当額の損害金の支払いを求めた事案である。判決は，「同一労働同一賃金の原則が一般的な法規範として存在しているとはいいがたいのであって，一般に，期間雇用の臨時従業員について，これを正社員と異なる賃金体系によって雇用することは，正社員と同様の労働を求める場合であっても，契約の自由の範疇であり，何ら違法ではないといわなければならない」として，期間臨時社員らの請求を棄却した。

3．京都女性協会事件（大阪高裁平成21年7月16日判決　労判1001号77頁）

本件は，京都市によって設立された財団法人との間で，期間1年の有期労働契約を締結・更新していた嘱託職員が，財団法人に対し，同一の労働に従事する一般職員の賃金よりも低い嘱託職員の賃金を支給したことは憲法13条・14条，労基法3条・4条，同一（価値）労働同一賃金の原則又は公序に違反する不法行為であるとして，一般職員との賃金差額相当額の損害金の支払いを請求した事案である。

判決は，一般論としては，均衡の理念に基づく公序違反として不法行為が成立する余地があることを認めたものの，本事案においては嘱託職員の労働と一般職員の労働を同一価値であるとは認めず，結論としては法的救済は認められなかった。

以上のように，同一労働同一賃金に対する裁判所の従来の態度は，例外的に女子臨時社員らに対する救済を認めた丸子警報器事件においても，同一（価値）労働同一賃金の原則が存在していると認めることはできないと明言しているように，一般に同原則の存在を否定するものであった。もっとも，丸子警報器事件判決や京都女性協会事件判決も，均等待遇や均衡待遇の理念については認めており，丸子警報器事件判決が正社員の賃金の8割に達しない部分は均等待遇の公序に違反して違法であるとの判断を行って以来，非正規労働者の待遇格差問題について，政府部内でも検討が進められることとなった。

第 2 章

パートタイム・有期雇用労働法

I パートタイム・有期雇用労働法の成立

第１章でも述べたとおり，働き方改革関連法が参議院本会議で2018（平成30）年６月29日に可決成立し，同年７月６日に公布された。この働き方改革関連法は，2019（平成31）年４月１日に施行されている。なお，同一労働同一賃金についてのパートタイム労働法及び労契法の改正規定の適用は2020年４月１日（中小企業は2021年４月１日）から，労働者派遣法の改正規定の適用は2020年４月１日から（中小企業についての１年遅れの適用なし）となっている。

II パートタイム・有期雇用労働法の建付け

第１章でも述べたとおり，非正規雇用労働者のうち，短時間労働者については，パートタイム労働法が存在し，この中には「短時間労働者の待遇の原則」（８条），「通常の労働者と同視すべき短時間労働者に対する差別的取扱いの禁止」（９条）の規定が設けられていた。一方，非正規雇用労働者のうち有期雇用者については労契法に，「有期労働契約の期間の定めのない労働契約への転換」(18条),「有期労働契約の更新等」(19条),「期間の定めがあることによる不合理な労働条件の禁止」(20条) の規定が設けられていた。今般の働き方改革関連法においては，有期雇用者についての労契法18条・19条の規定については，労契法にそのまま残しつつ，同法20条の「期間の定めがあることによる不合理な労働条件の禁止」の規定については労契法から削除し，従来のパートタイム労働法を改正したパートタイム・有期雇用労働法の法規制下に入れることとしたものである。

(注)　改正前パートタイム労働法

8条：事業主が，その雇用する短時間労働者の待遇を，当該事業所に雇用される通常の労働者の待遇と相違するものとする場合においては，当該待遇の相違は，当該短時間労働者及び通常の労働者の業務の内容及び当該業務に伴う責任の程度（以下「職務の内容」という。)，当該職務の内容及び配置の変更の範囲その他の事情を考慮して，不合理と認められるものであってはならない。

9条：事業主は，職務の内容が当該事業所に雇用される通常の労働者と同一の短時間労働者（第11条第1項において「職務内容同一短時間労働者」という。）であって，当該事業所における慣行その他の事情からみて，当該事業主との雇用関係が終了するまでの全期間において，その職務の内容及び配置が当該通常の労働者の職務の内容及び配置の変更の範囲と同一の範囲で変更されると見込まれるもの（次条及び同項において「通常の労働者と同視すべき短時間労働者」という。）については，短時間労働者であることを理由として，賃金の決定，教育訓練の実施，福利厚生施設の利用その他の待遇について，差別的取扱いをしてはならない。

改正前労契法20条：有期労働契約を締結している労働者の労働契約の内容である労働条件が，期間の定めがあることにより同一の使用者と期間の定めのない労働契約を締結している労働者の労働契約の内容である労働条件と相違する場合においては，当該労働条件の相違は，労働者の業務の内容及び当該業務に伴う責任の程度（以下この条において「職務の内容」という。)，当該職務の内容及び配置の変更の範囲その他の事情を考慮して，不合理と認められるものであってはならない。

有期雇用労働者の処遇等については，改正前は裁判規範の性格を持つものの，罰則もなかった改正前労契法で規定されていたものが，行政取締法規と裁判規範の両性格を併せ持った改正前パートタイム労働法を改正したパートタイム・有期雇用労働法で規制されることになり，併せて均等待遇も規定されることとなった。さらに改正前パートタイム労働法８条の規定もパートタイム・有期雇用労働法８条において不合理な待遇差是正に向け要件が強化されたものであり，この一連の改正により，正規労働者と短時間労働者・有期雇用労働者を通じた，非正規労働者の待遇についての不合理な格差の是正についての法制が強化されたこととなる。そして，これによりパートタイム労働法の法律の名称も，「短時間労働者の雇用管理の改善等に関する法律」から「短時間労働者及び有期雇用労働者の雇用管理の改善等に関する法律」に変更されたのである。

Ⅲ　短時間労働者，有期雇用労働者の定義（パートタイム・有期雇用労働法第２条）

パートタイム・有期雇用労働法２条では，パートタイム（短時間労働者），有期雇用労働者について次のように定義されている。

(1)　**短時間労働者**：１週間の所定労働時間が同一の事業主に雇用される通常の労働者（当該事業主に雇用される通常の労働者と同種の業務に従事する当該事業主に雇用される労働者にあっては，厚生労働省令で定める場合を除き，当該労働者と同種の業務に従事する当該通常の労働者）の１週間の所定労働時間に比し短い労働者

(2)　**有期雇用労働者**：事業主と期間の定めのある労働契約を締結している労働者

(3)　**短時間・有期雇用労働者**：短時間労働者及び有期雇用労働者のことをいうとされる。すなわち，この法律で短時間・有期雇用労働者と表記されている場合は，短

時間労働者，有期雇用労働者のいずれか，及び双方のことを言うことが定義されている。

なお，改正前のパートタイム労働法では，「短時間労働者」の比較対象とされる通常の労働者について，「同一の事業所に雇用される労働者」と規定され，「事業所」単位とされていたのに対し，パートタイム・有期雇用労働法においては「同一の事業主に雇用される通常の労働者」と「事業主」単位に改正されている。

【図表】比較されるべき通常労働者

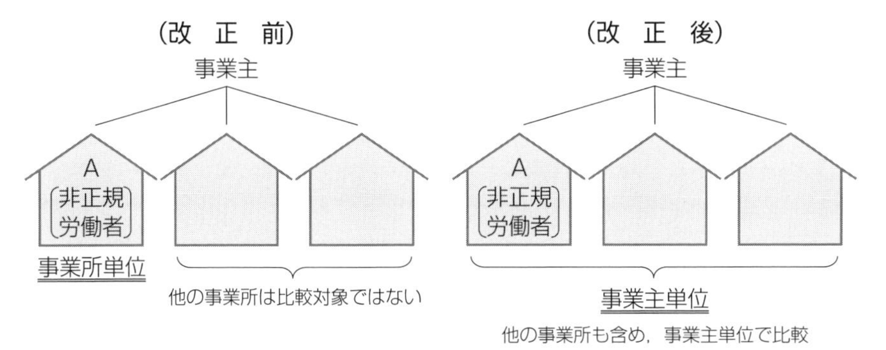

Ⅳ　不合理な待遇の禁止（パートタイム・有期雇用労働法第8条）

1．はじめに

パートタイム・有期雇用労働法8条は「不合理な待遇の禁止」として次のように定める。

「事業主は，その雇用する短時間・有期雇用労働者の基本給，賞与その他の待遇のそれぞれについて，当該待遇に対応する通常の労働者の待遇との間において，当該短時間・有期雇用労働者及び通常の労働者の業務の内容及び当該業務に伴う責任の程度（以下「職務の内容」という），当該職務の内容及び配置の変更の範囲その他の事情のうち，当該待遇の性質及び当該待遇を行う目的に照らして適切と認められるものを考慮して，不合理と認められる相違を設けてはならない。」（下線は，筆者が挿入）

改正前のパートタイム労働法８条では「事業主が，その雇用する短時間労働者の待遇を，当該事業所に雇用される通常の労働者の待遇と相違するものとする場合においては，当該待遇の相違は，当該短時間労働者及び通常の労働者の業務の内容及び当該業務の責任の程度（以下「職務の内容」という。），当該職務の内容及び配置の変更の範囲その他の事情を考慮して，不合理と認められるものであってはならない。」とされていたものを上記のとおりに改正したものである。（下線は，筆者が挿入）

なお，このパートタイム・有期雇用労働法８条「不合理な待遇の禁止」の規定はパートタイム労働者の待遇の均衡処遇を規定していた改正前パートタイム労働法８条及び改正前労契法20条の改正であり，今次の改正により，今まで存在しなかった「同一労働同一賃金」を全く新たに創出・実現しようとしているものではなく，今次の改正及びガイドライン等の策定と相まって，「正規」「非正規」の均衡待遇をより実効的に推し進めようとする規定である。したがって改正前パートタイム労働法８条及び改正前労契法20条について形成されてきた判決例も，また，パートタイム・有期雇用労働法８条の解釈に当たっては参考になる。パートタイム・有期雇用労働法８条の「不合理な待遇の禁止」の解釈に当たっては，このことに留意する必要がある。

２．本条の要件

(1)「待遇」

本条における待遇とは，条文に例示されている基本給，賞与の他に，諸手当・労働時間・休日の基準，休暇，災害補償，教育訓練，福利厚生給付の内容，解雇・配転・出向の基準，服務規律，懲戒処分の基準など労働者に対するすべての待遇を含む（24年通達，平成26年7月24日基発0724第2号・職発0724第5号・能発0724第1号・雇児発0724第1号（以下「26年通達」という））。

(2)「通常の労働者の待遇」

短時間・有期雇用労働者の待遇と比較されるべき「通常の労働者の待遇」とは次のとおりである。

① 場所的範囲

本法2条1項では，「通常の労働者」について「当該事業主に雇用される通常の労働者」と事業所単位ではなく，事業主単位で定義されている。したがって，当該短時間・有期雇用労働者が勤務している同一事業所ばかりではなく，他の事業所で勤務している通常の労働者の勤務場所においての待遇も比較対象となる。

② 比較対象が「通常の労働者」か「通常の労働者の待遇」か

本条においては，「その雇用する短時間・有期雇用労働者の…待遇のそれぞれ」と「当該待遇に対応する通常の労働者の待遇」との間で比較して不合理性を判断すると規定されている。したがって，問題となる待遇ごとにそれに対応する通常の労働者の待遇と比較される，すなわち比較対象は労働者ごとではないといえる。例えば，短時間・有期雇用労働者と職務内容が類似する低待遇の正規労働者がいたとしても，その者が常に比較対象となるわけではなく，待遇ごとに比較対象とする正規労働者；通常の労働者は変わり得るのである。

さらに，待遇の不合理性について，待遇のそれぞれについて個別に判断するのか，包括して判断するのかについては，条文上，「待遇のそれぞれについて」と規定されており，個別に判断されることとなる。改正前パートタイム労働法8条においてはこの点が明確ではなかったが，改正後においては「待遇のそれぞれ」と，その点が明確にされたといえる。

なお，有期雇用労働者と比較すべき通常の労働者をどのような者とするかについては，不合理性を主張する労働者の側で選択できる（大阪医科薬科大学事件最高裁判決）。

③ 「不合理と認められる相違」

本条における不合理な相違を判断するに当たっては，職務の内容（業務の内容及び当該業務に伴う責任の程度），当該職務の内容・配置の変更の範囲，その他の事情について，当該待遇の性質・目的に照らして適切と認められるものを，考慮するものとされている。

ア 「職務の内容」「職務の内容・配置の変更の範囲」「その他の事情」とは，次のとおりである。

- 職務の内容とは，労働者の業務の内容及び当該業務に伴う責任の程度のことをいう。
- 職務の内容・配置の変更の範囲とは，転勤，昇進といった人事異動や本人の役割の変化等の有無や範囲を指すものと解される（24年通達）。
- その他の事情については，「職務の成果，意欲，能力又は経験等」の他，「所定労働時間の長さ，残業義務を負うか否か，遠隔地転勤義務，海外転勤義務なども処遇の違いに反映されうる事情である。勤続年数も，技能の習熟度，経験の蓄積度，判断能力の形成度，企業への過去の貢献度等の代理指標となりうるものであり，有力な「その他の事情」と考えられる。」とされている（菅野和夫『労働法（第11版補正版)』340頁（弘文堂，2017年））。

有期雇用労働者が，定年後に継続雇用された者であることは，「その他の事情」となる（長澤運輸事件最高裁判決)。また，有期雇用労働者の正規労働者への登用制度の有無も判断対象の労働条件にもよるが「その他の事情」の１つとなりうる（大阪医科薬科大学事件最高裁判決)。

イ 不合理性の判断の仕方

本条における不合理な相違を判断するに当たっては，短時間・有期雇用労働者とフルタイム無期雇用労働者との雇用条件に相違があることを前提に，職務の内容，当該職務の内容・配置の変更の範囲，その他の事情について，当該待遇の性質・目的に照らして適切と認められるものを考慮し，不合理であってはならない（ハマキョウレックス事件最高裁判決

（第5章Ⅱ）参照）とされる。

本条によれば，「職務の内容」は1つの判断要素であり，無期雇用フルタイム労働者と，有期雇用労働者又はパートタイム労働者が同一の職務の内容でありながら，その両者の待遇に相違があったとしても，アで示した「職務の内容」以外の「当該職務の内容・配置の変更の範囲」，「その他の事情」も勘案して，「職務の内容」，「当該職務の内容・配置の変更の範囲」，「その他の事情」のうち，当該待遇の性質及び当該待遇を行う目的に照らして適切と認められるものの客観的・具体的な実態に照らして（ガイドライン・（注）参照），不合理か否かが判断される（均衡処遇）。

例えば，ある一定の段階で無期雇用フルタイム労働者と，有期雇用労働者又はパートタイム労働者の職務の内容が同一でありながら，その労働条件に差があっても以下のような場合は「該当職務の内容・配置の変更の範囲」に相違があり不合理な待遇格差に当たらないと判断される。「A社においては，定期的に職務の内容及び勤務地の変更がある通常の労働者の総合職であるXは，管理職となるためのキャリアコースの一環として，新卒採用後の数年間，店舗等において，職務の内容及び配置に変更のない短時間労働者であるYの助言を受けながら，Yと同様の定型的な業務に従事している。A社はXに対し，キャリアコースの一環として従事させている定型的な業務における能力又は経験に応じることなく，Yに比べ基本給を高く支給している。」（ガイドライン「第3　短時間・有期雇用労働者　1　基本給(1)基本給であって，労働者の能力又は経験に応じて支給するもの」のうち「問題とならない例ロ」）

更に，「職務の内容」及び「当該職務の内容・変更の範囲」が同一であったとしても，有期雇用労働者と通常の労働者との間で「その他の事情」を勘案して，両者の待遇差に不合理性がなければ本条違反とはならない。

3．不合理性の具体的判断

正規労働者と非正規労働者の待遇についてどのような場合に不合理と認められるかについては，各待遇ごとにガイドラインに指針が示され，さらに具体的に「問題のある事例」と「問題のない事例」が示されており，合理性の解釈の基準となるものである。

さらに，この各待遇ごとの不合理性判断の基準については数多くの判決例が集積され，さらには平成30年6月には2つの最高裁判決も出され，また，令和2年10月には，5つの最高裁判決も出されており，これらの詳細については，第5章及び第6章を参照されたい。以下では，ガイドラインに記された各待遇ごとの不合理性判断の基準，及びそこで合理性判断に問題があるとされている事例を引用し，更に，上述の最高裁判決も参照して判断基準について述べていく（以下，囲み部分は，ガイドラインの抜粋である）。

(1) 基本給

① 基本給であって，労働者の能力又は経験に応じて支給するもの

基本給であって，労働者の能力又は経験に応じて支給するものについて，通常の労働者と同一の能力又は経験を有する短時間・有期雇用労働者には，能力又は経験に応じた部分につき，通常の労働者と同一の基本給を支給しなければならない。また，能力又は経験に一定の相違がある場合においては，その相違に応じた基本給を支給しなければならない。

(問題となる例)

基本給について，労働者の能力又は経験に応じて支給しているＡ社において，通常の労働者であるＸが有期雇用労働者であるＹに比べて多くの経験を有することを理由として，Ｘに対し，Ｙよりも基本給を高く支給しているが，Ｘのこれまでの経験はＸの現在の業務に関連性を持たない。

これはいわゆる「職能給」の場合についての扱いである。問題となる例として，ガイドラインに掲記されているものは，現時点での業務が，それまでの職業経験と関係のない場合に，その職業経験を職能として評価することは不合理

であることを示している。なお，会社において，ある能力向上のための特殊なキャリアコースが設定されており，通常の労働者がそのキャリアコースを選択しその結果としてその能力を習得したが短時間労働者はその能力を取得していないというケースにあって，その能力に応じた基本給に差異があっても問題はないとされる。

②　基本給であって，労働者の業績又は成果に応じて支給するもの

基本給であって，労働者の業績又は成果に応じて支給するものについて，通常の労働者と同一の業績又は成果を有する短時間・有期雇用労働者には，業績又は成果に応じた部分につき，通常の労働者と同一の基本給を支給しなければならない。また，業績又は成果に一定の相違がある場合においては，その相違に応じた基本給を支給しなければならない。

なお，基本給とは別に，労働者の業績又は成果に応じた手当を支給する場合も同様である。

（問題となる例）

基本給の一部について，労働者の業績又は成果に応じて支給しているＡ社において，通常の労働者が販売目標を達成した場合に行っている支給を，短時間労働者であるＸについて通常の労働者と同一の販売目標を設定し，それを達成しない場合には行っていない。

これは，いわゆる「成果給」の場合についての扱いである。問題となる例においては，パートタイム労働者は勤務時間が短いにもかかわらず，成果給の場合に，無期雇用フルタイム労働者と同様の販売目標達成を成果給の条件として設定することは不合理と判断されることが記されている。なお，通常の労働者と短時間労働者が同様の業務に従事しているものの，通常の労働者は生産効率・品質の目標値に対する責任を負っており，目標未達の場合は待遇上の不利益を課されているものの，短時間労働者にはそのような不利益が課されていないといった場合，このような待遇上の不利益が課されていないこととの見合いに応じて基本給に差異が設けられていることは問題ないとされている。

③　基本給であって，労働者の勤続年数に応じて支給するもの

> 基本給であって，労働者の勤続年数に応じて支給するものについて，通常の労働者と同一の勤続年数である短時間・有期雇用労働者には，勤続年数に応じた部分につき，通常の労働者と同一の基本給を支給しなければならない。また，勤続年数に一定の相違がある場合においては，その相違に応じた支給をしなければならない。
> （問題となる例）
> 基本給について，労働者の勤続年数に応じて支給しているＡ社において，期間の定めのある労働契約を更新している有期雇用労働者であるＸに対し，当初の労働契約の開始時から通算して勤続年数を評価せず，その時点の労働契約の期間のみにより勤続年数を評価した上で支給している。

いわゆる「勤続給」についての扱いである。問題となる例では，有期雇用労働者の勤続年数については，数次にわたって有期雇用が更新されているときには，その当初の雇用開始時から雇用年数をカウントして比較しないと，それは不合理であるとしている。

④　昇給であって，労働者の勤続による能力の向上に応じて行うもの

> 昇給であって，労働者の勤続による能力の向上に応じて行うものについて，通常の労働者と同様に勤続により能力が向上した短時間・有期雇用労働者には，勤続による能力の向上に応じた部分につき，通常の労働者と同一の昇給を行わなければならない。また，勤続による能力の向上に一定の相違がある場合においては，その相違に応じた昇給を行わなければならない。

基本給の「昇給」についての扱いを示したものである。無期雇用フルタイム労働者に基本給の昇給がある場合，短時間・有期雇用労働者についても同様の昇給を行わなければならないことを掲記している。

⑤ (注) 1　通常の労働者と短時間・有期雇用労働者との間に賃金の決定基準・ルールの相違がある場合の取扱い

> 通常の労働者と短時間・有期雇用労働者との間に基本給，賞与，各種手当等の賃金に相違がある場合において，その要因として通常の労働者と短時間・有期雇用労働者の賃金の決定基準・ルールの相違があるときは，「通常の労働者と短時間・有期雇用労働者との間で将来の役割期待が異なるため，賃金の決定基準・ルールが異なる」等の主観的又は抽象的な説明では足りず，賃金の決定基準・ルールの相違は，通常の労働者と短時間・有期雇用労働者の職務の内容，当該職務の内容及び配置の変更の範囲その他の事情のうち，当該待遇の性質及び当該待遇を行う目的に照らして適切と認められるものの客観的及び具体的な実態に照らして，不合理と認められるものであってはならない。

ガイドラインの基本給の部分においては（注）が設けられている。このうち，（注）の1においては，「均衡処遇」のこと，及び不合理な均衡処遇の判断原則が触れられており，「均衡処遇」解釈の要点が記されている。ここでは，無期雇用フルタイム労働者と有期雇用労働者又はパートタイム労働者の賃金格差について単純比較のできない，「賃金の決定基準・ルールの違いがあるときは，『無期雇用フルタイム労働者と有期雇用労働者又はパートタイム労働者は将来の役割期待が異なるため，賃金の決定基準・ルールが異なる』という主観的・抽象的説明では足りず，賃金の決定基準・ルールの相違は，通常の労働者と短時間・有期雇用労働者の職務の内容，当該職務の内容及び配置の変更の範囲その他の事情のうち，当該待遇の性質及び当該待遇を行う目的に照らして適切と認められるものの客観的及び具体的な実態に照らして，不合理なものであってはならない。」ことが記されている。

すなわち，「無期雇用フルタイム労働者と有期雇用労働者又はパートタイム労働者の間に賃金格差があったとしても，これを一切許容しないというのではなく，単純比較のできない，賃金の決定基準・ルールの違いがあったとしても諸要素を勘案して，それが不合理であればその不均衡待遇が是正されなければならないとの均衡処遇の原則が示されている。ただし，その諸要素の勘案に当たっては,「無期雇用フルタイム労働者と有期雇用労働者又はパートタイム労働者は将来の役割期待が異なるため」といった抽象的主観的な判断では不十分であり,「賃金の決定基準・ルールの相違は,通常の労働者と短時間・有期雇用労働者の職務の内容,当該職務の内容及び配置の変更の範囲その他の事情のうち,当該待遇の性質及び当該待遇を行う目的に照らして適切と認められるものの客観的及び具体的な実態に照らして」不合理なものであるかどうかという,具体的・客観的判断を要する旨の原則が示されている。

⑥ (注)2 定年に達した後に継続雇用された有期雇用労働者の取扱い

定年に達した後に継続雇用された有期雇用労働者についても,短時間・有期雇用労働法の適用を受けるものである。このため,通常の労働者と定年に達した後に継続雇用された有期雇用労働者との間の賃金の相違については,実際に両者の間に職務の内容,職務の内容及び配置の変更の範囲その他の事情の相違がある場合は,その相違に応じた賃金の相違は許容される。

さらに,有期雇用労働者が定年に達した後に継続雇用された者であることは,通常の労働者と当該有期雇用労働者との間の待遇の相違が不合理と認められるか否かを判断するに当たり,短時間・有期雇用労働法第8条のその他の事情として考慮される事情に当たりうる。定年に達した後に有期雇用労働者として継続雇用する場合の待遇について,様々な事情が総合的に考慮されて,通常の労働者と当該有期雇用労働者との間の待遇の相違が不合理と認められるか否かが判断されるものと考えられる。したがって,当該有期雇用労働者が定年に達した後に継続雇用された者であることのみをもって,直ちに通常の労働者と当該有期雇用労働者との間の待遇の相違が不合理ではないと認められるものではない。

基本給部分についての注2では,定年後,継続して再雇用となった有期雇用労働者の賃金のことについて述べられている。定年後再雇用された有期雇用労働者と通常の労働者との賃金の相違について,職務の内容等に相違があれば,その相違に応じた賃金の相違は許容されるとする。さらに,有期雇用労働者が,定年後に継続雇用された者であることは,通常の労働者との待遇の相違についての不合理性判断に当たって,パートタイム・有期雇用労働法8条の「その他の事情」として考慮される事情に当たりうるとしており，長澤運輸事件最高裁判決も同様の判断としている。

なお，定年後再雇用された有期雇用労働者の賃金が定年前の通常の労働者の賃金水準としてどの程度であれば不合理ではないかについて，これを正面から判断した最高裁判決は今のところ存在していない。

⑵ 賞　与

①　賞与であって，会社の業績等への労働者の貢献に応じて支給するもの

賞与であって，会社の業績等への労働者の貢献に応じて支給するものについて，通常の労働者と同一の貢献である短時間・有期雇用労働者には，貢献に応じた部分につき，通常の労働者と同一の賞与を支給しなければならない。また，貢献に一定の相違がある場合においては，その相違に応じた賞与を支給しなければならない。

（問題となる例）

イ　賞与について，会社の業績等への労働者の貢献に応じて支給しているA社において，通常の労働者であるXと同一の会社の業績等への貢献がある有期雇用労働者であるYに対し，Xと同一の賞与を支給していない。

ロ　賞与について，会社の業績等への労働者の貢献に応じて支給しているA社においては，通常の労働者には職務の内容や会社の業績等への貢献等にかかわらず全員に何らかの賞与を支給しているが，短時間・有期雇用労働者には支給していない。

一方，通常の労働者と有期雇用労働者が同様の業務に従事しているものの，通常の労働者は生産効率・品質の目標値に対する責任を負っており，目標未達の場合は待遇上の不利益を課されているものの，有期雇用労働者には生産効率及び品質の目標値に対する責任を負っておらず，当該目標値未達成でも待遇上の不利益が課されていないといった場合，待遇上の不利益が課されていないこととの見合いで賞与を支給されていないとしても，これは問題ないとされている。

なお，賞与について，有期雇用労働者と通常の労働者とで「職務の内容」及

び「配置の変更の範囲」に一定の相違があったケースであるが，賞与の支給される趣旨が通常の労働者としての職務を遂行し得る人材の確保・定着を図る目的があったものとして有期雇用労働者には賞与を支給しなかったとしても不合理な待遇格差ではないとされた（大阪医科薬科大学事件最高裁判決）。

(3) 手　当

以下では諸手当について述べる。

①　役職手当であって，役職の内容に対して支給するもの

役職手当であって，役職の内容に対して支給するものについて，通常の労働者と同一の内容の役職に就く短時間・有期雇用労働者には，通常の労働者と同一の役職手当を支給しなければならない。また，役職の内容に一定の相違がある場合においては，その相違に応じた役職手当を支給しなければならない。

（問題となる例）

役職手当について，役職の内容に対して支給しているＡ社において，通常の労働者であるＸの役職と同一の役職名であって同一の内容の役職に就く有期雇用労働者であるＹに，Ｘに比べ役職手当を低く支給している。

役職手当は，ある役職の責任の重さ等への対価として支払われる手当であり，役職の責任の重さに応じてそれが同一であれば同一の，相違があればそれに均衡した処遇が求められるのである。

②　業務の危険度又は作業環境に応じて支給される特殊作業手当

通常の労働者と同一の危険度又は作業環境の業務に従事する短時間・有期雇用労働者には，通常の労働者と同一の特殊作業手当を支給しなければならない。

業務の危険度，作業環境の状態に応じて支払われる手当であり，通常の労働者か短時間・有期雇用労働者であるかにかかわらず，同一の支給が求められる。

ハマキョウレックス事件最高裁判決においては，「作業手当」についてであ

るが，特定の作業を行った対価として，作業そのものを金銭的に評価して支給されるものであることから，無期雇用労働者と有期雇用労働者との間に職務の内容及び配置の変更の範囲に相違があったとしても，有期雇用労働者にのみ支給しないことは不合理であるとされた（第5章末尾の図表参照）。

③　交替制勤務等の勤務形態に応じて支給される特殊勤務手当

> 通常の労働者と同一の勤務形態で業務に従事する短時間・有期雇用労働者には，通常の労働者と同一の特殊勤務手当を支給しなければならない。

④　精皆勤手当

> 通常の労働者と業務の内容が同一の短時間・有期雇用労働者には，通常の労働者と同一の精皆勤手当を支給をしなければならない。

従業員に対して休日以外は欠かさずに出勤を奨励する趣旨の手当であり，通常の労働者か短時間・有期雇用者であるかにかかわらず，同一の支給が求められる。ハマキョウレックス事件最高裁判決及び長澤運輸事件最高裁判決も同旨である（第5章末尾の図表参照）。

⑤　時間外労働に対して支給される手当

> 通常の労働者の所定労働時間を超えて，通常の労働者と同一の時間外労働を行った短時間・有期雇用労働者には，通常の労働者の所定労働時間を超えた時間につき，通常の労働者と同一の割増率等で，時間外労働に対して支給される手当を支給しなければならない。

⑥　深夜労働又は休日労働に対して支給される手当

> 通常の労働者と同一の深夜労働又は休日労働を行った短時間・有期雇用労働者には，通常の労働者と同一の割増率等で，深夜労働又は休日労働に対して支給される手当を支給しなければならない。

年末年始手当について，通常の社員に業務の内容やその難易度にかかわらず，一律の金額を支給しているとして，これを時給制契約社員又は月給制契約社員に支払わないのは，不合理であるとされた（日本郵便東京・大阪事件最高裁判決）。

⑦ 通勤手当及び出張旅費

> 短時間・有期雇用労働者にも，通常の労働者と同一の通勤手当及び出張旅費を支給しなければならない。

通勤に要する交通費を補塡する趣旨の手当であり，通常の労働者か短時間・有期雇用者であるかにかかわらず，同一の支給が求められる。ハマキョウレックス事件最高裁判決も同旨である（第５章末尾の図表参照）。

⑧ 労働時間の途中に食事のための休憩時間がある労働者に対する食費の負担補助として支給される食事手当

> 短時間・有期雇用労働者にも，通常の労働者と同一の食事手当を支給しなければならない。
> （問題となる例）
> A社においては，通常の労働者であるXには，有期雇用労働者であるYに比べ，食事手当を高く支給している。

食事手当は，従業員の食事にかかる補助として支給される手当であり，勤務時間中に食事をとることを要する労働者に支給する趣旨のものであるから，通常の労働者か短時間・有期雇用者であるかにかかわらず，勤務時間中に食事をとることを要する場合には，同一の支給が求められる。ハマキョウレックス事件最高裁判決も同旨である（第５章末尾の図表参照）。

⑨　単身赴任手当

> 通常の労働者と同一の支給要件を満たす短時間・有期雇用労働者には，通常の労働者と同一の単身赴任手当を支給しなければならない。

二重生活を余儀なくされる労働者に対する生活費の補助のためのものであり，通常の労働者か短時間・有期雇用者であるかにかかわらず，同一の支給が求められる。

⑩　特定の地域で働く労働者に対する補償として支給される地域手当

> 通常の労働者と同一の地域で働く短時間・有期雇用労働者には，通常の労働者と同一の地域手当を支給しなければならない。
> (問題となる例)
> Ａ社においては，通常の労働者であるＸと有期雇用労働者であるＹにはいずれも全国一律の基本給の体系を適用しており，かつ，いずれも転勤があるにもかかわらず，Ｙには地域手当を支給していない。

なお，通常の社員には全国一律の基本給給与体系の下，転勤があることから地域の物価等を勘案した地域手当を支給しているが，有期雇用労働者には採用地域ごとの基本給設定があり，その中でその地域の物価が基本給に盛り込まれているようなときには，有期雇用労働者に地域手当を支給しないのは問題ないとされている。

⑪　扶養手当（ガイドラインでは言及されていない）

ガイドラインでは言及されていないが，扶養親族の種類等に応じて，扶養親族１人につき月額で一定の額が通常の社員に支払われていた「扶養手当」について，時給制契約社員又は月給制契約社員についても，扶養親族があり，かつ，相応に継続的に勤務が見込まれるのであれば，その不支給は不合理であるとされた（日本郵便大阪事件最高裁判決）。

(4) 福利厚生

① 福利厚生施設（給食施設，休憩室及び更衣室をいう。）

通常の労働者と同一の事業所で働く短時間・有期雇用労働者には，通常の労働者と同一の福利厚生施設の利用を認めなければならない。

② 転勤者用社宅

通常の労働者と同一の支給要件（例えば転勤の有無，扶養家族の有無，住宅の賃貸又は収入の額）を満たす短時間・有期雇用労働者には，通常の労働者と同一の転勤者用社宅の利用を認めなければならない。

③ 慶弔休暇並びに健康診断に伴う勤務免除及び当該健康診断を勤務時間中に受診する場合の当該受診時間にかかる給与の保障

短時間・有期雇用労働者にも，通常の労働者と同一の慶弔休暇の付与並びに健康診断に伴う勤務免除及び有給の保障を行わなければならない。

④ 病気休職

短時間労働者（有期雇用労働者である場合を除く。）には，通常の労働者と同一の病気休職の取得を認めなければならない。また，有期雇用労働者にも，労働契約が終了するまでの期間を踏まえて，病気休職の取得を認めなければならない。

私傷病による病気休暇につき，通常の労働者と時給制契約社員とでその日数の相違があるのは不合理ではないが，時給制契約社員に相応に継続的な勤務が見込まれるのであれば，時給制契約社員のみ同休日を無給とするのは不合理であるとされた（日本郵便東京事件最高裁判決）。

⑤　**法定外の有給の休暇その他の法定外の休暇（慶弔休暇を除く。）であって，勤続期間に応じて認めているもの**

> 法定外の有給の休暇その他の法定外の休暇（慶弔休暇を除く。）であって，勤続期間に応じて取得を認めているものについて，通常の労働者と同一の勤続期間である短時間・有期雇用労働者には，通常の労働者と同一の法定外の有給の休暇その他の法定外の休暇（慶弔休暇を除く。）を付与しなければならない。なお，期間の定めのある労働契約を更新している場合には，当初の労働契約の開始時から通算して勤続期間を評価することを要する。

通常の労働者に対しては夏期冬期休暇を与える一方で，時給制契約社員に対して夏期冬期休暇を与えないという労働条件の相違は不合理であるとされる（日本郵便佐賀事件最高裁判決）。また，年始期間勤務の祝日給が，通常の労働者のみに支給されるのは不合理であるとされた（日本郵便大阪事件最高裁判決）。

(5)　その他

①　**教育訓練であって，現在の職務の遂行に必要な技能又は知識を習得するために実施するもの**

> 教育訓練であって，現在の職務の遂行に必要な技能又は知識を習得するために実施するものについて，通常の労働者と職務の内容が同一である短時間・有期雇用労働者には，通常の労働者と同一の教育訓練を実施しなければならない。また，職務の内容に一定の相違がある場合においては，その相違に応じた教育訓練を実施しなければならない。

②　**安全管理に関する措置及び給付**

> 通常の労働者と同一の業務環境に置かれている短時間・有期雇用労働者には，通常の労働者と同一の安全管理に関する措置及び給付をしなければならない。

4．本条の効果

(1) 強行法規性

本条は，改正前パートタイム労働法８条と同様，強行法規性を有するものと解されている。したがってこれに反する合意を取り決めたとしても，それは無効となる（詳細は，第２部Q29を参照のこと）。

(2) 無効となったときの救済方法

本条は前述のとおり強行法規であり，これに反する不合理な処遇をしたときには，当該労働契約は無効となる。無効となったときに，当該対象労働者の救済としては，不法行為（民法709条）による損害賠償が考えられる。

さらに，無効となった労働契約部分につき，無期限・フルタイム労働者に付与されている労働条件が同一に認められるか（補充的効力）という問題があるが，ハマキョウレックス事件最高裁判決及び長澤運輸事件最高裁判決においては，労契法20条に関連してではあるが，このような効力については否定されている。

V 差別的取扱いの禁止（パートタイム・有期雇用労働法第９条）

1．はじめに

パートタイム・有期雇用労働法９条は「差別的取扱いの禁止」として，次のように定める。

「事業主は，職務の内容が通常の労働者と同一の短時間・有期雇用労働者（第11条第１項において「職務内容同一短時間・有期雇用労働者」という。）であって，当該事業所における慣行その他の事情からみて，当該事業主との雇用関係が終了するまでの全期間において，その職務の内容及び配置が当該通常の労働者の職務の内容及び配置の変更の範囲と同一の範囲で変更されることが見込まれるもの（次条及び同項において「通常の労働者と同視すべき短時間・有期雇用労働者」という。）については，短時間・有期雇用労働者であることを理由として，基本給，賞与その他の待遇のそれぞれについて，差別的取扱いをしてはならない。」

本改正により，本条は，フルタイムの有期雇用労働者も均等待遇規定の適用対象に含めることとされた。

2．条項の分説

(1)「待遇」

本条における「待遇」とは，パートタイム・有期雇用労働法８条と同様，賃金のみならず，教育訓練，福利厚生，休憩，休日，休暇，安全衛生，災害補償，解雇など，すべての待遇に及ぶものと解される。

(2)「差別的取扱い」

本法の目的（パートタイム・有期雇用労働法１条）及び本改正の趣旨からすると，「差別的取扱い」とは，短時間・有期雇用労働者を不利に取り扱うものに限られ，短時間・有期雇用労働者に対する有利な取扱いは，本条が禁止する「差別的取扱い」には当たらないと解される。

(3)「短時間・有期雇用労働者であることを理由として」

本条は，「短時間・有期雇用労働者であることを理由として」なされる差別的取扱いを禁止するものである。

したがって，フルタイム労働者と短時間・有期雇用労働者を一般論的に区別して異なる取扱いをすることは，本条違反となる。

下級審の裁判例では，短時間労働者であることを理由として賃金の決定その他の処遇について差別的取扱いをしたものとして，改正前パートタイム労働法８条１項違反とされ，損害賠償請求が認められたものがある（ニヤクコーポレーション事件（大分地裁平25.12.10判決　労判1090号44頁））。

一方，短時間・有期雇用労働者につき，能力，成果，経験，勤続年数など，短時間・有期雇用労働者であること以外の個別具体的な事情に基づいて異なる取扱いをすることは，本条の禁止する差別的取扱いには当たらないと解される。

⑷ 「通常の労働者と同視すべき短時間・有期雇用労働者」

「通常の労働者と同視すべき短時間・有期雇用労働者」とは，①職務の内容が通常の労働者と同一の短時間・有期雇用労働者であって，②当該事業所における慣行その他の事情からみて，当該事業主との雇用関係が終了するまでの全期間において，その職務の内容及び配置が当該通常の労働者の職務の内容及び配置の変更の範囲と同一の範囲で変更されることが見込まれるものである。

長期的な人材活用の仕組みや運用等についても同一であることを要件としたものである（26年通達第3の4⑸参照）。

なお，「通常の労働者」の範囲が事業主単位へと変更になるのは8条と同様である（180頁）。

3．効　果

本条に違反する労働契約の定めは無効となると解され（強行法規性），無効となったときの救済方法については，パートタイム・有期雇用労働法8条と同様である（194頁）。

Ⅵ その他の改正点

1．福利厚生施設（パートタイム・有期雇用労働法第12条）

改正前パートタイム労働法12条では，給食施設，休憩室，更衣室など健康の保持又は業務の円滑な遂行に資する福利厚生施設（改正前パートタイム労働法施行規則5条）について，パートタイム労働者にも利用の機会を与えるように配慮することが義務付けられていた。

本条は，適用対象者を有期雇用労働者へと拡大し，かつ，「利用の機会を与えなければならない」として配慮義務を付与義務へと改めた。

かかる付与義務に違反する事業主の行為は，不法行為（民法709条）に基づく損害賠償請求の対象となると考えられる。

2．説明義務（パートタイム・有期雇用労働法第14条）

改正前パートタイム労働法14条では，パートタイム労働者の雇入れ時（同条1項）及びパートタイム労働者から求めがあったとき（同条2項）に，一定の説明義務を事業主に課していた。

本改正は，有期雇用労働者に対しても同様の説明を行うことを事業主に義務付けるとともに，短時間・有期雇用労働者から求めがあった際の説明義務の対象事項として，当該短時間・有期雇用労働者と通常の労働者との間の待遇の相違の内容及び理由並びに不合理な待遇の禁止（パートタイム・有期雇用労働法8条）により措置を講ずる際に考慮した事項を追加した。

また，本条2項による労働者の情報取得の実効性を確保するという観点から，本改正は，事業主に対し，説明を求めたことを理由とする解雇その他の不利益取扱いを禁止した（パートタイム・有期雇用労働法14条3項）。

具体的な説明内容は，短時間・有期雇用指針（平成30年12月28日厚生労働省告示第429号）によれば次のとおりである（同指針第三の二）。

二　待遇の相違の内容及び理由の説明

（一）　比較の対象となる通常の労働者

事業主は，職務の内容，職務の内容及び配置の変更の範囲等が，短時間・有期雇用労働者の職務の内容，職務の内容及び配置の変更の範囲等に最も近いと事業主が判断する通常の労働者との間の待遇の相違の内容及び理由について説明するものとする。

（二）　待遇の相違の内容

事業主は，待遇の相違の内容として，次のイ及びロに掲げる事項を説明するものとする。

イ　通常の労働者と短時間・有期雇用労働者との間の待遇に関する基準の相違

の有無

ロ　次の（イ）又は（ロ）に掲げる事項

（イ）　通常の労働者及び短時間・有期雇用労働者の待遇の個別具体的な内容

（ロ）　通常の労働者及び短時間・有期雇用労働者の待遇に関する基準

（三）　待遇の相違の理由

事業主は，通常の労働者及び短時間・有期雇用労働者の職務の内容，職務の内容及び配置の変更の範囲その他の事情のうち，待遇の性質及び待遇を行う目的に照らして適切と認められるものに基づき，待遇の相違の理由を説明するものとする。

（四）　説明の方法

事業主は，短時間・有期雇用労働者がその内容を理解することができるよう，資料を活用し，口頭により説明することを基本とするものとする。ただし，説明すべき事項を全て記載した短時間・有期雇用労働者が容易に理解できる内容の資料を用いる場合には，当該資料を交付する等の方法でも差し支えない。

3．指針（パートタイム・有期雇用労働法第15条）

本改正では，指針制定の対象を有期雇用労働者にも広げるとともに，指針の内容の拡充を図ることとした。

4．紛争の解決

改正前パートタイム労働法は，行政による履行確保及び行政ADRの規定について，人的には有期雇用労働者を対象としておらず，内容的には不合理な待遇の禁止規定（同法８条）を対象としていなかった（26年通達第３の３(6)）。

本改正により，行政による履行確保（報告・助言・指導・勧告・公表）の制度及び行政ADR（裁判外紛争解決手続）につき，有期雇用労働者も対象に含めることとされた。

また，本改正では，不合理な待遇の禁止規定についても，行政による履行確保（報告・助言・指導・勧告・公表）の対象とし（ただし，グレーゾーンについては除く。労働政策審議会報告・建議４(1)），また行政ADRの対象とした。

ただし，公表（パートタイム・有期雇用労働法18条２項）の対象には，従前どおり同法8条違反は含まれない。

Ⅶ 施行期日・経過措置等

1．施行期日

パートタイム・有期雇用労働法のうち同一労働同一賃金に関する改正規定は，2020年4月1日より施行される（働き方改革関連法附則1条2号）。

無期雇用フルタイム労働者とパートタイム・有期雇用労働者の待遇差等の状況を確認し，是正等のために必要な準備期間として，一定の猶予期間が置かれたものである。

2．中小事業主に対する適用猶予

次のような中小事業主（中小企業や小規模事業者）については，さらに十分な準備期間を必要であることに鑑み，パートタイム・有期雇用労働法のうち，短時間労働者の定義の変更（2条1項），事業者等の責務（3条），不合理な待遇の禁止・差別的取扱い禁止等を含む雇用管理の改善等に関する措置（6条ないし18条。ただし，指針（15条），行政による履行確保の都道府県労働局長への委任（18条3項）を除く），紛争の解決（22条ないし27条。ただし，調停（26条），調停手続の厚生労働省令への委任（27条）を除く）の各規定について，2022年4月1日まで適用が猶予された（働き方改革関連法附則11条）。

適用が猶予される中小事業主

① 資本金の額又は出資の総額が3億円以下（小売業又はサービス業を主たる事業とする事業主については5,000万円以下，卸売業を主たる事業とする事業主については1億円以下）の事業主

② 常時使用する労働者の数が300人（小売業を主たる事業とする事業主については50人以下，卸売業又はサービス業を主たる事業とする事業主については100人以下）である事業主

第 3 章

定年後再雇用者の賃金

I 高年齢者の雇用促進対策

1．高年齢者等の雇用の安定等に関する法律の成立

わが国では，長期雇用慣行のもと，大多数の企業において定年制が採用されてきたが，長い間，定年を55歳とするのが一般的であった。ところが，1970年代に入ると，平均寿命や労働可能年齢が伸長し，55歳定年制が高年齢失業者を増大させる要因と見られるようになった。また，少子高齢化により，労働力の高齢化，生産年齢人口の減少が見込まれるようになり，経済社会の活力を維持するため，高年齢者の能力の有効な活用を図ることが重要な課題となった。

このような状況の中で，1986（昭和61）年４月30日，「中高年齢者等の雇用の促進に関する特別措置法」が改正，名称変更され，「高年齢者等の雇用の安定等に関する法律」（以下「高年法」という）が成立した。

2．高年法の展開

高年法には，高年齢者の安定した雇用の確保，高年齢者等の再就職の促進，シルバー人材センター等が規定されている。このうち，高年齢者の安定した雇用の確保の内容については，同法制定以降何度か改正がなされ，大きく展開さ

れているが，同法における高年齢者の安定した雇用の確保の促進方法としては，まず，60歳定年制の実現と60歳から65歳までの継続雇用に分けられる。

60歳定年制の実現としては，制定された高年法において，定年が60歳を下回らないようにする努力義務が新設された。そして，1994（平成６）年改正法において，60歳を下回る定年が禁止され，60歳定年制が実現された。

60歳から65歳までの継続雇用としては，1990（平成２）年改正法が，定年後65歳までの再雇用の努力義務を新たに設け，1994（平成６）年改正法では，この再雇用努力義務が，継続雇用努力義務へ文言が変更された。また，2000（平成12）年改正法において，継続雇用努力義務の内容が，定年引上げ・継続雇用制度の導入・改善その他の高年齢者雇用確保措置を講ずる努力義務とされた。

2004（平成16）年改正法では，高年齢者雇用確保措置として，①定年の引上げ，②継続雇用制度（現に雇用している高年齢者が希望するときは，当該高年齢者をその定年後も引き続いて雇用する制度）の導入，③定年の定めの廃止，のいずれかの措置を講じることが義務付けられた（９条１項)。もっとも，2004年改正法は，②について，事業主が，事業場の過半数代表者との労使協定により，継続雇用制度の対象となる高年齢者に係る基準を定め，当該基準に基づく制度を導入したときは，同制度の措置を講じたものとみなすと規定し（旧９条２項)，定年後の継続雇用者を事業場の労使協定の定める基準によって，選別できることとしていた（対象者限定制度)。

しかし，老齢厚生年金報酬比例部分の支給開始年齢が2013年４月から段階的に引き上げられることに対応した2012（平成24）年改正法により，旧９条２項は削除され，対象者限定制度が廃止されて，継続雇用を希望する者全員を継続雇用することが義務付けられることとなった。ただし，「高年齢者雇用確保措置の実施及び運用に関する指針」（平成24年11月９日厚生労働省告示第560号）で，心身の故障のため業務に堪えられないと認められること，勤務状況が著しく不良で引き続き従業員としての職責を果たし得ないこと等就業規則に定める解雇事由又は退職事由（年齢に係るものを除く）に該当する場合には，継続雇用しないことができるとされている。

また，同指針では，就業規則に定める解雇事由又は退職事由（年齢に係るものを除く）と同一の事由を，継続雇用しないことができる事由として，解雇や退職の規定とは別に，就業規則に定めることができ，当該同一の事由について，継続雇用制度の円滑な実施のため，労使が協定を締結することができるとされている。なお，旧9条2項については経過措置が設けられている（平成24年改正法附則3条）。

厚生労働省が公表している「令和2年『高年齢者の雇用状況』集計結果」によると，65歳までの雇用確保措置のある企業の割合は99.9％である。そのうち，①定年の引上げにより雇用確保措置を講じている企業は20.9％，②継続雇用制度の導入により雇用確保措置を講じている企業は76.4％，③定年制の廃止により雇用確保措置を講じている企業は2.7％となっており，継続雇用制度により雇用確保措置を講じている企業の比率は，他の2つに比較し，非常に高くなっている。

【図表】高年齢者雇用確保措置（9条1項）

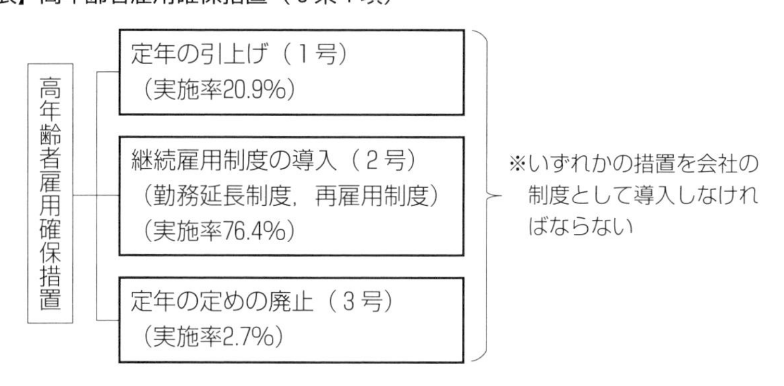

高年法は，2020（令和2）年に改正され，従来の65歳までの雇用確保義務に加え，65歳から70歳までの就業機会を確保するため，事業主に対し，70歳までの，①定年引上げ，②定年制の廃止，③継続雇用制度の導入，④継続的に業務委託契約を締結する制度の導入，⑤継続的に事業主が自ら実施する社会貢献事業や事業主が委託・出資（資金提供）等する団体が行う社会貢献事業に従事で

きる制度の導入のいずれかの措置を講ずる努力義務が新設された（10条の２）。

【図表】高年齢者の安定した雇用の確保の促進

	60歳定年の実現	60歳から65歳までの継続雇用	65歳から70歳までの継続雇用
1986年（昭61）	60歳を下回らないようにする努力義務		
1990年（平２）		定年後65歳までの再雇用の努力義務	
1994年（平６）	60歳を下回る定年の禁止	65歳までの「継続雇用」努力義務へ文言変更	
2000年（平12）		高年齢者雇用確保措置を講じる努力義務	
2004年（平16）		高年齢者雇用確保措置の義務化（対象者限定制度あり）	
2012年（平24）		対象者限定制度の廃止	
2020年（令２）			高年齢者就業確保措置を講じる努力義務

Ⅱ　定年制の有効性

定年制とは，労働者が一定の年齢に達したときに労働契約が終了する制度である。定年制については，労働者の労働能力や適格性がいまだ十分に存在しているにもかかわらず，一定年齢到達のみを理由にして労働関係を終了させるもので合理性がなく，また雇用保障の理念に反し，効力がないとする見解が存在してきた（菅野和夫『労働法（第12版）』756頁（弘文堂，2019年））。しかし，判例は，定年制について，「一般に，老年労働者にあっては当該業種又は職種に要求される労働の適格性が逓減するにかかわらず，給与が却って逓増するところから，人事の刷新・経営の改善等，企業の組織および運営の適正化のために行なわれるものであつて，一般的にいって，不合理な制度ということはでき（ない)」(秋北バス事件（最高裁昭和43年12月25日判決　判時542号14頁)),「使用者が，その雇用する労働者の長期雇用や年功的処遇を前提としながら，人事の刷新等により組織運営の適正化を図るとともに，賃金コストを一定限度に抑制するための制度」(長澤運輸事件最高裁判決（最高裁平成30年６月１日判決　労判1179号35頁)），などとして，その法的効力を認めている。また，学説の多数も，定年制を有効と解している（菅野和夫『労働法（第12版)』756頁（弘文堂，2019年)，荒木尚志『労働法（第４版)』354頁（有斐閣，2020年))。

Ⅲ　定年後再雇用者の待遇

1．概　説

前述のとおり，高年齢者雇用確保措置を講じている企業の多くが，継続雇用制度の導入を選択しているが，その場合，企業は，労働者を60歳でいったん定年退職させた後，継続雇用を希望する者を１年契約で再雇用し，65歳まで契約を更新するという形をとることが通常である。その際の定年後再雇用者の待遇については，60歳以前よりも引き下げる例が多く見受けられる。東京都の平成24年度中小企業労働条件等実態調査「高年齢者の継続雇用に関する実態調査」の結果でも，定年時と比べ賃金が５～７割未満となった者が45.9％と半分近くを占め，５割未満となった者も11.7％存在する。

定年後再雇用者の労働条件や雇用形態・業務内容等について，高年法は，何らの基準も示していない。

これに対し，ガイドラインでは，定年後再雇用者についても新パートタイム・有期雇用労働法の適用を受けることが明記され（｢第３　短時間・有期雇用労働者　１基本給　(注）２　定年に達した後に継続雇用された有期雇用労働者の取扱い｣)，「通常の労働者と定年に達した後に継続雇用された有期雇用労働者との間の賃金の相違については，実際に両者の間に職務の内容，職務の内容・配置の変更の範囲その他の事情の相違がある場合は，その相違に応じた賃金の相違は許容される」とされている。

さらに，ガイドラインでは，長澤運輸事件最高裁判決（平30．6．1判決　労判1179号34頁）を受けて，「有期雇用労働者が定年に達した後に継続雇用された者であることは，通常の労働者と当該有期雇用労働者との間の待遇の相違が不合理と認められるか否かを判断するに当たり，短時間・有期雇用労働法第8条のその他の事情として考慮される事情に当たりうる」としつつ，定年後再雇用者の待遇については，「様々な事情が総合考慮されて，通常の労働者と当該有期雇用労働者との間の待遇の相違が不合理と認められるか否かが判断されるもの」であることから，「当該有期雇用労働者が定年に達した後に継続雇用された者であることのみをもって，直ちに通常の労働者と当該有期雇用労働者との間の待遇の相違が不合理ではないとされるものではない」としている。

2．裁判例

(1)　トヨタ自動車ほか事件（名古屋高裁平成28年9月28日判決　労判1146号22頁）

同判決は，継続雇用制度導入の趣旨を「無年金・無収入の期間の発生を防ぐ」こととし，「事業者においては，労使協定で定めた基準を満たさないため61歳以降の継続雇用が認められない従業員についても，60歳から61歳までの一年間は，その全員に対して継続雇用の機会を適正に与えるべきであって，定年後の継続雇用としてどのような労働条件を提示するかについては一定の裁量があるとしても，提示した労働条件が，無年金・無収入の期間の発生を防ぐという趣旨に照らして到底容認できないような低額の給与水準であったり，社会通念に照らし当該労働者にとって到底受け入れ難いような職務内容を提示するなど実質的に継続雇用の機会を与えたとは認められない場合においては，当該事業者の対応は改正高年法の趣旨に明らかに反するものであるといわざるを得ない」として，本件において，これまで従事してきた事務職とは全く異なる単純労務職を提示したことを「労働者にとって到底受け入れ難いようなものであり，実質的に継続雇用の機会を与えたとは認められないのであって，改正高年法の趣旨に明らかに反する違法なもの」であると判示した。

本判決は，再雇用後の労働条件の適法性について広く判断した初めての判決であり，継続雇用における労働条件に関する事業者の裁量に限界があることを明示した点に意義がある。

(2) 九州惣菜事件（福岡高裁平成29年９月７日判決　労判1167号49頁）

同判決は，「継続雇用制度の下において，事業主が提示する労働条件の決定は，原則として，事業主の合理的裁量に委ねられている」としながらも，高年齢者雇用確保措置を講じる義務は，その趣旨・内容から，労働契約法制に係る公序の一内容を為しているというべきであるから，「再雇用について，極めて不合理であって，労働者である高年齢者の希望・期待に著しく反し，到底受け入れ難いような労働条件を提示する行為は，継続雇用制度の導入の趣旨に違反した違法性を有するものであり，事業主の負う高年齢者雇用確保措置を講じる義務の反射的効果として当該高年齢者が有する，上記措置の合理的運用により65歳までの安定的雇用を享受できるという法的保護に値する利益を侵害する不法行為となり得る」として，本件で不法行為の成立を認めた（慰謝料100万円）。

また，雇用確保措置において，労働条件の継続性・連続性を必要とすると述べた点も注目される。

上記裁判例のほか，定年後再雇用者の処遇については，近時，改正前労契法20条が争点となった重要な最高裁判決（長澤運輸事件）や下級審判決が出ている。

(3) 学究社事件（控訴審で和解）（東京地裁立川支部平成30年１月29日判決　労判1176号５頁）

同判決は，「定年退職後の再雇用契約は，期間の定めのある労働契約であるところ，その内容である賃金は，定年退職前の正社員の賃金の30％から40％前後が目安とされ，賃金の定めについて相違があるといえるため，労働契約法20

条の適用が問題となる」とした上で，①定年前は専任講師であったのに対し，定年後再雇用においては時間講師であり，その権利義務には相違があること，②勤務内容も，定年後再雇用契約においては，時間講師として，原則として会社から割り当てられた授業のみを担当するが，定年退職前は，正社員として，会社の採用する変形労働時間制に従い，授業だけでなく生徒・保護者への対応，研修会等への出席等が義務付けられていることから，両者の間には，その業務の内容及び当該業務に伴う責任の程度に差があると判断した。また，判決は，「本件の再雇用契約は，高年法９条１項２号の定年後の継続雇用制度に該当するものであり，定年後継続雇用者の賃金を定年退職前より引き下げることは，一般的に不合理であるとはいえない」と述べ，本件について改正前労契法20条違反を認めなかった。

(4)　長澤運輸事件（最高裁平成30年６月１日判決　労判1179号35頁）

第５章で詳述するとおり（225頁以下），本件は，定年後の再雇用者（嘱託乗務員）らが，嘱託社員と正社員との間の賃金及び賞与についての労働条件の相違を，労働契約法20条に違反する不合理なものであると主張し，労働契約又は不法行為に基づき，差額賃金等の支払を求めて提起した事案である。判決は，定年後再雇用者であるという事情について，改正前労契法20条にいう「その他の事情」として，有期契約労働者と無期契約労働者との労働条件の相違が不合理と認められるものであるか否かの判断において考慮されることを明らかにした。もっとも，個々の賃金項目の検討においては，その趣旨等から定年後再雇用者という事情と関連しないもの（精勤手当）については，この事情を考慮しなかった。

本判決では，賞与についても，「嘱託乗務員は，定年退職後に再雇用された者であり，定年退職に当たり退職金の支給を受けるほか，老齢厚生年金の支給を受けることが予定され，その報酬比例部分の支給が開始されるまでの間は被上告人から調整給の支給を受けることも予定されている」として，定年後の再雇用者であるという事情を考慮要素とし，正社員（支給）と嘱託乗務員（不支給）の労働条件の相違を改正前労契法20条にいう不合理と認められるものには当たらないとした。

⑸　五島育英会事件（東京高裁平成30年10月11日判決）

本件では，定年退職後の有期労働契約（嘱託教諭）に基づく賃金が，定年退職前の無期労働契約（専任教諭）に基づく賃金の約6割程度しかないことが改正前労契法20条に違反するか否かが争点であったところ，本判決においても原審（東京地裁平30．4．11判決　労経速2355号3頁）の判断が基本的に維持された。原判決は，本件における比較対象を定年退職後の嘱託教諭と退職年度の専任教諭であるとし，退職年度の専任教諭の処遇の特殊性（学級担任等を担当しない等）などは，「その他の事情」として考慮されるとした。そして，退職前後の専任教諭と嘱託教諭との間で職務の内容に差異はなく，職務の内容及び配置の変更の範囲についても，嘱託教諭と専任教諭に適用される就業規則の規定の違いはその差異として重視できないとした。もっとも，退職年度の専任教諭について，その職務の内容につき，一般の専任教諭よりも負担を軽減する方向で一定の配慮がされている一方で，基本給等の水準がそれと連動して引き下げられることはないという特殊な状況にあることは，「その他の事情」として，賃金の相違の不合理性を否定する方向で考慮すべき事情であるとされた。

以上の事情のほか，原判決同様，本判決においても，本件における賃金体系が年功的要素の強いものであること，嘱託教諭であった期間の賃金等の合計額が，同期間に専任教諭であったとした場合に想定される賃金等の合計額の約63％に相当すること，退職前年度と退職年度の職務との内容の差異，嘱託教諭の基本給等を退職前の約6割に相当する額と定めた定年規程が，自らも構成員であった組合と法人との合意により導入されたものであることなどが考慮され，賃金の相違について改正前労契法20条違反は認められなかった。

(6) 日本ビューホテル事件（確定）（東京地裁平成30年11月21日判決　労判1197号55頁）

原告は，定年退職後，まず嘱託職員，次いで臨時社員として再雇用されたが，賃金額が最も低い嘱託社員最後の期間の賃金月額は，定年退職時の年俸の月額の約54%，また，臨時社員時の最も低額である月の時間給の月額は，定年退職時の約50%であった。判決は，嘱託社員及び臨時社員と比較対照すべき正社員について，事業所において役職定年により営業課支配人の地位を離れた定年退職前の者となるが，定年退職前の原告自身のほかに上記のような正社員の例は証拠上見当たらないことから，退職前の原告本人とした。

判決では，職務の内容については大きく異なっていると認定され，職務の内容及び配置の変更の範囲については，就業規則の規定上，正社員も嘱託社員・臨時社員も配転等の可能性の有無や程度の記載に差異はないが，嘱託社員・臨時社員は，一部の例外を除いて事業者間の異動を伴う配転の実績がなく，実際の運用には差異があり，このことは不合理性の判断において考慮すべきであるとされた。

また，判決は，その他の事情として，役職定年後の年俸額が激変緩和措置として職務の内容に比較して高額に設定されていることや，嘱託社員・臨時社員の賃金制度が長期雇用を前提とせず年功的性格を含まず，役職に就くことも予定されず，かつ高年齢者雇用継続基本給付金が支給されることを組み込んでいるものであることなどを挙げ，以上のことを総合考慮して，改正前労契法20条違反を認めなかった。

(7) 北日本放送事件（富山地裁平成30年12月19日判決　労経速2374号18頁）

原告は，定年退職した後，有期労働契約を締結して再雇用社員として就労していたが，基本給・賞与・住宅手当・裁量手当・祝金について正社員との間に待遇差があった。判決は，長澤運輸事件最高裁判決を踏まえ，個々の賃金項目等について個別に検討を加えた。そして，基本給については，原告と定年退職前の原告に相当する61歳で職能等級5等級の正社員を検討の対象とすると，再雇用時の平均月額賃金は，正社員時の約73％であるが，職務の内容及び当該職務の内容及び配置の変更の範囲がいずれも異なること，原告の基本給の水準は被告と組合の十分な労使協議を経たものでありこれを尊重する必要があること，原告の再雇用社員時の月収は給付金及び企業年金を加えると正社員時の基本給を上回ることから，正社員時の基本給と再雇用社員時の基本給との間に約27％の差が生じていることを不合理と評価することはできないとした。

同判決は，賞与及び住宅手当の差異についても不合理性を認めず，また，裁量手当と祝金については，改正前労契法20条に該当しないとされた。

(8) 名古屋自動車学校事件（控訴）（名古屋地裁令和２年10月28日判決　労判1233号５頁）

原告らは，定年退職後に嘱託職員として再雇用される際に主任の役職を退任したことを除き，定年退職の前後で職務内容及び変更範囲に相違はなかったが，基本給・皆精励手当及び敢闘賞（精励手当）・家族手当・賞与について，正職員との間に待遇差があった。判決は，長澤運輸事件最高裁判決の判断基準を踏襲しつつ，基本給については，労働者の生活保障という観点も踏まえ，嘱託職員時の基本給が正職員定年退職時の基本給の60％を下回る限度で，改正前労契法20条にいう不合理と認められるものに当たるとし，賞与についても，原告らの基本給を正職員定年退職時の60％の金額であるとして，各季の正職員の賞与の調整率を乗じた結果を下回る限度で，改正前労契法20条にいう不合理と認められるものに当たるとした。また，精励手当についても，その趣旨を所定労働時間を欠略なく出勤すること及び多くの指導業務に就くことを奨励することであるとし，その必要性は正職員と嘱託職員で相違ないことから，改正前労契法20条違反を認めた。家族手当については不合理性を認めなかった。

Ⅳ 今後の対応

前述のとおり，高年法には定年後再雇用時の労働条件についての定めがなく，裁判例においては，継続雇用制度を導入している企業に，定年後の労働条件について一定の裁量が認められていることが読み取れる。一方，ガイドラインでは，定年後再雇用者であることは新パートタイム・有期雇用労働法８条の「その他の事情」として考慮される事情に該当しうるとしつつ，その待遇の不合理性については，様々な事情が総合考慮され，定年後再雇用者であることのみをもって，直ちに不合理性が排斥されるわけではないとされている。

したがって，今後，継続雇用制度のもとで定年後再雇用者の待遇を決める際には，ガイドラインの上記考え方を念頭におき，新パートタイム・有期雇用労働法８条違反とならないよう，定年前後における職務の内容や職務の内容・配置の変更の範囲の相違や，賃金の減額の程度等，様々な事情を検討し，バランスのとれた待遇となるようにすることが重要である。

また，定年後再雇用時の賃金の減額を正当化するために，定年後再雇用者に対して従前の職務と全く関係のない職務内容を提示することは，高年法の趣旨に反し，違法となるおそれがあることにも注意が必要である。

今後は，各企業において，裁判例の動向等にも注視しつつ，賃金全体だけでなく個々の賃金項目について，均衡のバランスのとれた定年後再雇用時の待遇を提案していくことが求められているといえよう。

第 4 章

労働者派遣法

I はじめに

本改正では，派遣労働者についても雇用形態にかかわらない公正な待遇を確保すべく，労働者派遣法を改正し，①派遣先の労働者との均等・均衡待遇（均等・均衡方式），又は②一定の要件（同種業務の一般の労働者の平均的な賃金と同等以上の賃金であること等）を満たす労使協定による待遇（労使協定方式）のいずれかを採用することを義務化した。

以下では，主な改正点を概説する（以下，本章における条文番号は，特に断りのない限り改正派遣法のものである）。

II 待遇に関する情報の提供等

1．情報提供義務

本改正では，派遣先（労働者派遣の役務の提供を受けようとする者）に対し，原則として，労働者派遣契約を締結するに当たり，比較対象労働者の賃金その他の待遇に関する情報等を派遣元事業主に提供することを義務付け（26条７項），同情報に変更があった場合にも，遅滞なく変更内容を情報提供することを義務付けた（26条10項）。

「比較対象労働者」とは，派遣先に雇用される通常の労働者であって，その業務の内容及び責任の程度や，当該職務の内容及び配置の変更の範囲が，当該労働者派遣に係る派遣労働者と同一であると見込まれるものなど厚生労働省令で定めるものとされている（26条8項）。

2．情報提供義務の実効性確保のための諸制度

上記の情報提供義務の実効性を確保するため，改正法は，種々の制度を規定している。

すなわち，派遣先から情報提供がないときは，派遣元事業主は，派遣先との間で，当該業務について労働者派遣契約を締結してはならない（26条9項）。

また，派遣先の情報提供義務違反は，厚生労働大臣の指導・助言（48条），それに従わない場合の勧告・公表（49条の2）の対象とされている。

さらに，改正法は，派遣元事業主が均等・均衡方式（30条の3）又は労使協定方式（30条の4）を遵守することができるよう派遣料金の額につき配慮する派遣先の義務を規定している（26条11項）。

3．均等・均衡方式と労使協定方式

(1)　均等・均衡方式

本改正は，パートタイム・有期雇用労働法8条と同様の規定を，派遣労働者に対しても設けた。

すなわち，派遣労働者の不合理な待遇を禁止し，派遣先労働者との均等・均衡による派遣労働者の待遇改善を図ることが派遣元事業主の義務とされた（均等・均衡方式。30条の3第1項）。

また，パートタイム労働者のみを対象としたパートタイム労働法9条（差別的取扱いの禁止）について，本改正は，派遣労働者に対して同様の規定を設けた（不利益取扱いの禁止。30条の3第2項）。

同項の基本的な内容はパートタイム・有期雇用労働法9条と同様であり，解釈についても重なるところが大きいと考えられる。

なお，30条の3において派遣労働者と比較される対象は，派遣先に雇用される通常の労働者である点に留意が必要である。

(2) 労使協定方式

もっとも，この均等・均衡方式では，重要な経営情報・個人情報である賃金等の待遇の情報を外部に提供する点で派遣先に対する負担が大きく，また，場合によっては，派遣労働者の賃金がかえって下がる等，派遣労働者のキャリア形成支援と不整合な事態にもなりかねない（働き方改革実行計画9頁，労政審報告・建議2(2)）。

そこで，本改正では，30条の3を原則としつつ，労使協定方式という例外を設けている。

すなわち，派遣元事業主と過半数労働組合との労使協定により，労働者の待遇について以下の事項を定め，それを遵守・実施している場合には，労使協定方式によるものとして，30条の3の規定は，一部の待遇（40条2項の教育訓練及び40条3項の福利厚生施設の情報提供）を除き，適用がなくなる（30条の4第1項）。

> 労使協定方式において労使協定により定めるべき事項
> ①　当該協定により待遇が定められる派遣労働者の範囲
> ②　①の範囲の派遣労働者の賃金の決定方法
> ③　派遣労働者を公正に評価し，その賃金を決定すること
> ④　①の範囲の派遣労働者の待遇の決定方法
> ⑤　派遣元事業主は①の範囲の派遣労働者に対して30条の2第1項の規定による教育訓練を実施すること

この場合，派遣元事業主は，当該協定をその雇用する労働者に周知しなければならない（30条の4第2項）。

上記の事項のうち②の賃金の決定方法については，「派遣労働者が従事する業務と同種の業務に従事する一般の労働者の平均的な賃金の額…と同等以上の

賃金の額となるものであること」(30条の4第1項2号イ) とされており,「一般の労働者の平均的な賃金の額」に関して, 令和元年7月8日付けで通達が出されている (職発0708第2号)。

同通達によれば, 一般賃金のうち「基本給・賞与・手当等」については,【職種別の基準値 (統計値) ×能力・経験調整指数×地域指数】により算出することとされており, また, 一般賃金のうち「通勤手当」「退職金」についても, 算出方法が示されている。

したがって, ②の賃金の決定方法については, 同通達の方法により算定された一般賃金の金額と同等以上となるような方法が求められることになる。

4. 具体的取扱い

派遣労働者の待遇についても, 短時間・有期雇用労働者と同様にガイドラインが公表され, その中で具体的な「問題のある事例」等が示されている。

以下では, ガイドラインに記された各待遇ごとの判断基準及び問題事例を引用して, 判断基準について述べる (以下, 囲み部分は, ガイドラインの抜粋である)。

(1) 基本給

① 基本給であって, 労働者の能力又は経験に応じて支給するもの

> 基本給であって, 派遣先及び派遣元事業主が, 労働者の能力又は経験に応じて支給するものについて, 派遣元事業主は, 派遣先に雇用される通常の労働者と同一の能力又は経験を有する派遣労働者には, 能力又は経験に応じた部分につき, 派遣先に雇用される通常の労働者と同一の基本給を支給しなければならない。また, 能力又は経験に一定の相違がある場合においては, その相違に応じた基本給を支給しなければならない。
>
> (問題となる例)
>
> 派遣先であるA社及び派遣元事業主であるB社においては, 基本給について, 労働者の能力又は経験に応じて支給しているところ, B社は, A社に派遣されている派遣労働者であるYに対し, A社に雇用される通常の労働者であるXに比べ

て経験が少ないことを理由として，A社がXに支給するほど基本給を高く支給していないが，Xのこれまでの経験はXの現在の業務に関連性を持たない。

いわゆる「職能給」に関して，「問題となる例」では，現時点での業務と関係のない職業経験を職能として評価することは不合理・不平等であることが示されている。

② 基本給であって，労働者の業績又は成果に応じて支給するもの

基本給であって，派遣先及び派遣元事業主が，労働者の業績又は成果に応じて支給するものについて，派遣元事業主は，派遣先に雇用される通常の労働者と同一の業績又は成果を有する派遣労働者には，業績又は成果に応じた部分につき，派遣先に雇用される通常の労働者と同一の基本給を支給しなければならない。また，業績又は成果に一定の相違がある場合においては，その相違に応じた基本給を支給しなければならない。

なお，基本給とは別に，労働者の業績又は成果に応じた手当を支給する場合も同様である。

（問題となる例）

派遣先であるA社及び派遣元事業主であるB社においては，基本給の一部について，労働者の業績又は成果に応じて支給しているところ，B社は，A社に派遣されている派遣労働者であって，所定労働時間がA社に雇用される通常の労働者の半分であるYに対し，当該通常の労働者が販売目標を達成した場合にA社が行っている支給を，Yについて当該通常の労働者と同一の販売目標を設定し，それを達成しない場合には行っていない。

いわゆる「成果給」について，「問題となる例」では，所定時間が短い派遣労働者に対し，所定時間が長い通常の労働者と同一の販売目標達成を成果給の支給条件として設定することは，不合理・不平等であることが示されている。

なお，通常の労働者が目標値に対する責任を負っており，目標値を達成しない場合に待遇上の不利益を課されている一方，派遣労働者は責任や不利益を課されていない場合については，不利益を課していないこととの見合いに応じて，

成果給に差異があることは問題ないとされている。

③　基本給であって，労働者の勤続年数（派遣労働者にあっては，当該派遣先における就業期間）に応じて支給するもの

> 基本給であって，派遣先及び派遣元事業主が，労働者の勤続年数に応じて支給するものについて，派遣元事業主は，派遣先に雇用される通常の労働者と同一の勤続年数である派遣労働者には，勤続年数に応じた部分につき，派遣先に雇用される通常の労働者と同一の基本給を支給しなければならない。また，勤続年数に一定の相違がある場合においては，その相違に応じた基本給を支給しなければならない。
> （問題となる例）
> 派遣先であるＡ社及び派遣元事業主であるＢ社は，基本給について，労働者の勤続年数に応じて支給しているところ，Ｂ社は，Ａ社に派遣している期間の定めのある労働者派遣契約を更新している派遣労働者であるＹに対し，ＹのＡ社への労働者派遣の開始時から通算して就業期間を評価せず，その時点の労働者派遣契約に基づく派遣就業の期間のみにより就業期間を評価した上で基本給を支給している。

いわゆる「勤続給」について，「問題となる例」では，数次にわたり派遣契約が更新されている場合，派遣労働者の勤続年数につき，直近の契約期間だけではなく，初回契約からすべての契約期間を通算して評価しなければ，不合理・不平等であることが示されている。

④　昇給であって，労働者の勤続（派遣労働者にあっては，当該派遣先における派遣就業の継続）による能力の向上に応じて行うもの

> 昇給であって，派遣先及び派遣元事業主が，労働者の勤続による能力の向上に応じて行うものについて，派遣元事業主は，派遣先に雇用される通常の労働者と同様に勤続により能力が向上した派遣労働者には，勤続による能力の向上に応じた部分につき，派遣先に雇用される通常の労働者と同一の昇給を行わなければならない。また，勤続による能力の向上に一定の相違がある場合においては，その

相違に応じた昇給を行わなければならない。

基本給の「昇給」に関し，通常の労働者と同様に勤続によって能力が向上した派遣労働者について，通常の労働者と同一の昇給を行わなければ，不合理・不平等であることが示されている。

なお，通常の労働者と派遣労働者との間に賃金の決定基準・ルールの相違がある場合について，「基準・ルールが異なる」等の主観的・抽象的な説明では足りず，当該相違が，客観的・具体的実態に照らして，不合理と認められるものであってはならないとされている。

(2) 賞　与

賞与であって，派遣先及び派遣元事業主が，会社（派遣労働者にあっては，派遣先）の業績等への労働者の貢献に応じて支給するものについて，派遣元事業主は，派遣先に雇用される通常の労働者と同一の貢献である派遣労働者には，貢献に応じた部分につき，派遣先に雇用される通常の労働者と同一の賞与を支給しなければならない。また，貢献に一定の相違がある場合においては，その相違に応じた賞与を支給しなければならない。

（問題となる例）

イ　派遣先であるＡ社及び派遣元事業主であるＢ社においては，賞与について，会社の業績等への労働者の貢献に応じて支給しているところ，Ｂ社は，Ａ社に派遣されている派遣労働者であって，Ａ社に雇用される通常の労働者であるＸと同一のＡ社の業績等への貢献があるＹに対して，Ａ社がＸに支給するのと同一の賞与を支給していない。

ロ　賞与について，会社の業績等への労働者の貢献に応じて支給している派遣先であるＡ社においては，通常の労働者の全員に職務の内容や会社の業績等への貢献等にかかわらず何らかの賞与を支給しているが，派遣元事業主であるＢ社においては，Ａ社に派遣されている派遣労働者であるＹに賞与を支給していない。

「賞与」について，「問題となる例」では，派遣労働者の業績等への貢献の有無・程度を，通常の労働者と同一に評価しなければ，不合理・不平等であることが示されている。

(3) 手　当

① 役職手当であって，役職の内容に対して支給するもの

> 役職手当であって，派遣先及び派遣元事業主が，役職の内容に対して支給するものについて，派遣元事業主は，派遣先に雇用される通常の労働者と同一の内容の役職に就く派遣労働者には，派遣先に雇用される通常の労働者と同一の役職手当を支給しなければならない。また，役職の内容に一定の相違がある場合においては，その相違に応じた役職手当を支給しなければならない。
> (問題となる例)
> 派遣先であるA社及び派遣元事業主であるB社においては，役職手当について，役職の内容に対して支給しているところ，B社は，A社に派遣されている派遣労働者であって，A社に雇用される通常の労働者であるXの役職と同一の役職名であって同一の内容の役職に就くYに対し，A社がXに支給するのに比べ役職手当を低く支給している。

役職手当は，ある役職の内容等への対価として支払われる手当であり，役職の内容等が同一であれば同一の，相違があればそれに均衡した処遇がなされなければならない。

② 業務の危険度又は作業環境に応じて支給される特殊作業手当

> 派遣元事業主は，派遣先に雇用される通常の労働者と同一の危険度又は作業環境の業務に従事する派遣労働者には，派遣先に雇用される通常の労働者と同一の特殊作業手当を支給しなければならない。

特殊作業手当は，当該特殊作業の対価であることから，派遣労働者にのみ支給しないことは不合理・不平等であることが示されている（ハマキョウレックス事件。第5章末尾の図表参照）。

③　交替制勤務等の勤務形態に応じて支給される特殊勤務手当

> 派遣元事業主は，派遣先に雇用される通常の労働者と同一の勤務形態で業務に従事する派遣労働者には，派遣先に雇用される通常の労働者と同一の特殊勤務手当を支給しなければならない。

④　精皆勤手当

> 派遣元事業主は，派遣先に雇用される通常の労働者と業務の内容が同一の派遣労働者には，派遣先に雇用される通常の労働者と同一の精皆勤手当を支給しなければならない。

精皆勤手当は，通常の労働者であるか派遣労働者であるかにかかわらず，同一の支給が求められる（ハマキョウレックス事件及び長澤運輸事件。第5章の末尾の図表参照）。

⑤　時間外労働に対して支給される手当

> 派遣元事業主は，派遣先に雇用される通常の労働者の所定労働時間を超えて，当該通常の労働者と同一の時間外労働を行った派遣労働者には，当該通常の労働者の所定労働時間を超えた時間につき，派遣先に雇用される通常の労働者と同一の割増率等で，時間外労働に対して支給される手当を支給しなければならない。

⑥　深夜労働又は休日労働に対して支給される手当

> 派遣元事業主は，派遣先に雇用される通常の労働者と同一の深夜労働又は休日労働を行った派遣労働者には，派遣先に雇用される通常の労働者と同一の割増率等で，深夜労働又は休日労働に対して支給される手当を支給しなければならない。
> （問題となる例）
> 派遣元事業主であるB社においては，派遣先であるA社に派遣されている派遣労働者であって，A社に雇用される通常の労働者であるXと時間数及び職務の内容が同一の深夜労働又は休日労働を行ったYに対し，Yが派遣労働者であること

から，深夜労働又は休日労働に対して支給される手当の単価を当該通常の労働者より低く設定している。

深夜労働や休日労働に対する割増賃金につき，通常の労働者と派遣労働者で時間数及び勤務内容が同一であるにもかかわらず取扱いを異にすることは，不合理・不平等であることが示されている。

⑦　通勤手当及び出張旅費

派遣元事業主は，派遣労働者にも，派遣先に雇用される通常の労働者と同一の通勤手当及び出張旅費を支給しなければならない。

通勤・出張に要する交通費を補填する趣旨の手当については，通常の労働者と派遣労働者とで同一の支給が求められる（ハマキョウレックス事件。第5章末尾の図表参照）。

⑧　労働時間の途中に食事のための休憩時間がある労働者に対する食費の負担補助として支給される食事手当

派遣元事業主は，派遣労働者にも，派遣先に雇用される通常の労働者と同一の食事手当を支給しなければならない。

食事手当は，勤務時間中に食事をとることを要する場合は，通常の労働者と派遣労働者とで同一の支給が求められる（ハマキョウレックス事件。第5章末尾の図表参照）。

したがって，労働時間の途中に昼食のための休憩がある通常の労働者に支給する一方，例えば，勤務時間が午後2時から午後5時までで，労働時間の途中に昼食のための休憩時間がない派遣労働者について支給しないことは問題がないとされる。

⑨　単身赴任手当

> 派遣元事業主は，派遣先に雇用される通常の労働者と同一の支給要件を満たす派遣労働者には，派遣先に雇用される通常の労働者と同一の単身赴任手当を支給しなければならない。

⑩　特定の地域で働く労働者に対する補償として支給される地域手当

> 派遣元事業主は，派遣先に雇用される通常の労働者と同一の地域で働く派遣労働者には，派遣先に雇用される通常の労働者と同一の地域手当を支給しなければならない。
> （問題となる例）
> 派遣先であるＡ社に雇用される通常の労働者であるＸは，その地域で採用され転勤はないにもかかわらず，Ａ社はＸに対し地域手当を支給している。一方，派遣元事業主であるＢ社からＡ社に派遣されている派遣労働者であるＹは，Ａ社に派遣されている間転勤はなく，Ｂ社はＹに対し地域手当を支給していない。

地域手当につき，勤務地が同一で同じく転勤がない場合には，通常の労働者と派遣労働者とで同一の支給が求められる。

一方，派遣労働者につき派遣先の所在する地域の物価が基本給に盛り込まれている場合，地域手当を支給しなくとも問題がないとされている。

⑷　福利厚生

①　福利厚生施設（給食施設，休憩室及び更衣室）

> 派遣先は，派遣先に雇用される通常の労働者と同一の事業所で働く派遣労働者には，派遣先に雇用される通常の労働者と同一の福利厚生施設の利用を認めなければならない。
> なお，派遣元事業主についても，労働者派遣法第30条の３の規定に基づく義務を免れるものではない。

②　転勤者用社宅

> 派遣元事業主は，派遣先に雇用される通常の労働者と同一の支給要件（例えば，転勤の有無，扶養家族の有無，住宅の賃貸又は収入の額）を満たす派遣労働者には，派遣先に雇用される通常の労働者と同一の転勤者用社宅の利用を認めなければならない。

③　慶弔休暇並びに健康診断に伴う勤務免除及び有給の保障

> 派遣元事業主は，派遣労働者にも，派遣先に雇用される通常の労働者と同一の慶弔休暇の付与並びに健康診断に伴う勤務免除及び有給の保障を行わなければならない。

④　病気休職

> 派遣元事業主は，派遣労働者（期間の定めのある労働者派遣に係る派遣労働者である場合を除く。）には，派遣先に雇用される通常の労働者と同一の病気休職の取得を認めなければならない。また，期間の定めのある労働者派遣に係る派遣労働者にも，当該派遣先における派遣就業が終了するまでの期間を踏まえて，病気休職の取得を認めなければならない。

⑤　法定外の有給の休暇その他の法定外の休暇（慶弔休暇を除く。）であって，勤続期間（派遣労働者にあっては，当該派遣先における就業期間）に応じて取得を認めているもの

> 法定外の有給の休暇その他の法定外の休暇（慶弔休暇を除く。）であって，派遣先及び派遣元事業主が，勤続期間に応じて取得を認めているものについて，派遣元事業主は，当該派遣先に雇用される通常の労働者と同一の勤続期間である派遣労働者には，派遣先に雇用される通常の労働者と同一の法定外の有給の休暇その他の法定外の休暇（慶弔休暇を除く。）を付与しなければならない。なお，当該派遣先において期間の定めのある労働者派遣契約を更新している場合には，当初の派遣就業の開始時から通算して就業期間を評価することを要する。

(5) その他

① 教育訓練であって，現在の職務の遂行に必要な技能又は知識を習得するために実施するもの

> 教育訓練であって，派遣先が，現在の業務の遂行に必要な能力を付与するために実施するものについて，派遣先は，派遣元事業主からの求めに応じ，その雇用する通常の労働者と業務の内容が同一である派遣労働者には，派遣先に雇用される通常の労働者と同一の教育訓練を実施する等必要な措置を講じなければならない。なお，派遣元事業主についても，労働者派遣法第30条の3の規定に基づく義務を免れるものではない。
>
> また，派遣労働者と派遣先に雇用される通常の労働者との間で業務の内容に一定の相違がある場合においては，派遣元事業主は，派遣労働者と派遣先に雇用される通常の労働者との間の職務の内容，職務の内容及び配置の変更の範囲その他の事情の相違に応じた教育訓練を実施しなければならない。
>
> なお，労働者派遣法第30条の2第1項の規定に基づき，派遣元事業主は，派遣労働者に対し，段階的かつ体系的な教育訓練を実施しなければならない。

② 安全管理に関する措置又は給付

> 派遣元事業主は，派遣先に雇用される通常の労働者と同一の業務環境に置かれている派遣労働者には，派遣先に雇用される通常の労働者と同一の安全管理に関する措置及び給付をしなければならない。
>
> なお，派遣先及び派遣元事業主は，労働者派遣法第45条等の規定に基づき，派遣労働者の安全と健康を確保するための義務を履行しなければならない。

(6) 協定対象派遣労働者

労使協定方式における協定対象派遣労働者（30条の5参照）の待遇に関して，次のような考え方が示されている。

①　福利厚生

ア　福利厚生施設（給食施設，休憩室及び更衣室をいう。）

> 派遣先は，派遣先に雇用される通常の労働者と同一の事業所で働く協定対象派遣労働者には，派遣先に雇用される通常の労働者と同一の福利厚生施設の利用を認めなければならない。
> なお，派遣元事業主についても，労働者派遣法第30条の3の規定に基づく義務を免れるものではない。

イ　転勤者用社宅

> 派遣元事業主は，派遣元事業主の雇用する通常の労働者と同一の支給要件（例えば，転勤の有無，扶養家族の有無，住宅の賃貸又は収入の額）を満たす協定対象派遣労働者には，派遣元事業主の雇用する通常の労働者と同一の転勤者用社宅の利用を認めなければならない。

ウ　慶弔休暇並びに健康診断に伴う勤務免除及び有給の保障

> 派遣元事業主は，協定対象派遣労働者にも，派遣元事業主の雇用する通常の労働者と同一の慶弔休暇の付与並びに健康診断に伴う勤務免除及び有給の保障を行わなければならない。

エ　病気休職

> 派遣元事業主は，協定対象派遣労働者（有期雇用労働者である場合を除く。）には，派遣元事業主の雇用する通常の労働者と同一の病気休職の取得を認めなければならない。また，有期雇用労働者である協定対象派遣労働者にも，労働契約が終了するまでの期間を踏まえて，病気休職の取得を認めなければならない。

オ　法定外の有給の休暇その他の法定外の休暇（慶弔休暇を除く。）であって，勤続期間に応じて取得を認めているもの

> 法定外の有給の休暇その他の法定外の休暇（慶弔休暇を除く。）であって，勤続期間に応じて取得を認めているものについて，派遣元事業主は，派遣元事業主の雇用する通常の労働者と同一の勤続期間である協定対象派遣労働者には，派遣元事業主の雇用する通常の労働者と同一の法定外の有給の休暇その他の法定外の

休暇（慶弔休暇を除く。）を付与しなければならない。なお，期間の定めのある労働契約を更新している場合には，当初の労働契約の開始時から通算して勤続期間を評価することを要する。

② その他

ア 教育訓練であって，現在の職務の遂行に必要な技能又は知識を習得するために実施するもの

教育訓練であって，派遣先が，現在の業務の遂行に必要な能力を付与するために実施するものについて，派遣先は，派遣元事業主からの求めに応じ，派遣先に雇用される通常の労働者と業務の内容が同一である協定対象派遣労働者には，派遣先に雇用される通常の労働者と同一の教育訓練を実施する等必要な措置を講じなければならない。なお，派遣元事業主についても，労働者派遣法第30条の３の規定に基づく義務を免れるものではない。

また，協定対象派遣労働者と派遣元事業主が雇用する通常の労働者との間で業務の内容に一定の相違がある場合においては，派遣元事業主は，協定対象派遣労働者と派遣元事業主の雇用する通常の労働者との間の職務の内容，職務の内容及び配置の変更の範囲その他の事情の相違に応じた教育訓練を実施しなければならない。

なお，労働者派遣法第30条の２第１項の規定に基づき，派遣元事業主は，協定対象派遣労働者に対し，段階的かつ体系的な教育訓練を実施しなければならない。

イ 安全管理に関する措置及び給付

派遣元事業主は，派遣元事業主の雇用する通常の労働者と同一の業務環境に置かれている協定対象派遣労働者には，派遣元事業主の雇用する通常の労働者と同一の安全管理に関する措置及び給付をしなければならない。

なお，派遣先及び派遣元事業主は，労働者派遣法第45条等の規定に基づき，協定対象派遣労働者の安全と健康を確保するための義務を履行しなければならない。

5．その他の改正

(1)　差別的取扱い禁止規定（30条の3第2項）が適用されない派遣労働者についても，派遣先の通常の労働者との均衡を考慮しつつ，派遣労働者の職務内容，職務成果，意欲，能力又は経験その他の就業の実態に関する事項を勘案し，その賃金を決定するよう努める義務（30条の5）が設けられた。

(2)　派遣労働者に適用される就業規則の作成・変更につき，当該事業所の派遣労働者の過半数代表の意見を聴取するよう努める義務（30条の6）が設けられた。

(3)　パートタイム労働法と比べて不十分であった労働条件の明示義務（6条参照），待遇等の説明義務（14条）につき，次のとおり短時間・有期雇用労働者と同水準の義務を派遣元事業主に課した。

①　雇入れ時に労働条件に関する特定事項及び措置内容の明示義務（31条の2第2項）

②　不合理待遇の禁止・不利益取扱い禁止（同法30条の3），労使協定方式（30条の4第1項），職務内容等を勘案した賃金決定（30条の5）に関して講じる措置の内容の説明義務（31条の2第2項2号）

③　派遣をしようとする際にも再度の明示・説明義務（31条の2第3項）

④　派遣労働者から求めがあったときは，比較対象労働者（28条6項）との待遇の相違の内容と理由，不合理待遇の禁止（30条の3第1項，30条の4第1項），不利益取扱いの禁止（30条の3第2項），職務内容等を勘案した賃金決定（30条の5），就業規則の作成手続（30条の6）の決定に当たって考慮した事項の説明義務（31条の2第4項）

⑤　④の説明を求めたことを理由とする解雇その他の不利益取扱い禁止（31条の2第5項）

⑥　派遣の際及び変更の際の派遣先への通知事項に，当該労働者派遣に係る派遣労働者が協定対象派遣労働者であるか否かを追加（35条1項2号，同条2項）

⑦　派遣元管理台帳への記載事項に，協定対象派遣労働者であるか否か及び

派遣労働者が従事する業務に伴う責任の程度を追加（37条1項1号・13号，規31条2号）

⑷ 派遣先の義務を次のように拡張した。

① 派遣元事業主の求めに応じ，教育訓練を派遣労働者にも実施する等必要な措置を講じる義務（40条2項）

② 一定の福利厚生施設の利用機会を派遣労働者にも与える義務（給食施設，休憩室及び更衣室については付与義務へ。40条3項）

③ 適切な就業環境の維持，施設の利用等の必要な措置を講じるよう配慮する義務（40条4項）

④ 派遣元事業主の求めに応じ，派遣労働者に関する情報提供等必要な協力をするよう配慮する義務（40条5項）

なお，情報提供の内容等も拡充されている。

⑤ 派遣先管理台帳の記載事項に，協定対象派遣労働者であるか否か及び派遣労働者が従事する業務に伴う責任の程度を追加（42条1項1号・11号，規36条2号）

⑥ 派遣料金の交渉における配慮義務（26条11項）

⑸ 派遣元又は派遣先がこれらの義務を履行しない場合は，厚生労働大臣の指導・助言がなされることとされた（48条）。

⑹ 厚生労働大臣の勧告・公表の対象として，情報提供義務（26条7項・10項），教育訓練実施義務（40条2項）又は福利厚生施設の利用機会の付与義務（40条3項）の違反に対して厚生労働大臣の指導・助言を受けたにもかかわらずなおこれらの違反のおそれがあると認める場合が追加された。

⑺ 行政ADR（裁判外紛争解決手続）制度の創設

派遣労働者から苦情の申し出を受けたときは，派遣元事業主及び派遣先は自主的解決を図ることとされた（47条の4）。

⑻ 都道府県労働局長による紛争解決の援助（47条の6）及び都道府県労働局長等による調停（47条の7ないし9）の手続が新設された。

第5章

改正前労契法第20条に関連する2つの最高裁判決（ハマキョウレックス事件最高裁判決と長澤運輸事件最高裁判決）

Ⅰ　はじめに

平成30年6月1日，ハマキョウレックス事件と長澤運輸事件の2つの最高裁判決が出され，労働契約に定める労働条件が改正前労契法20条に違反することを理由とする，労働者側から会社側に対する金銭請求等に関し，初めて最高裁判所の判断が示された。

そこで，以下，各事件ごとに，①事案，②第一審，第二審が示した結論，③改正前労契法20条の解釈及び適用に関する最高裁の判示内容を紹介する。

Ⅱ　ハマキョウレックス事件

1．事　案

(1)　東京証券取引所一部に上場し，正社員4,500名以上を有する運送会社である被告と有期労働契約を締結し，更新している被告彦根支店勤務のトラック運転手である原告が，当該労働契約に定める労働条件が，被告と無期労働契約を締結し，原告と同様にトラック運転手として勤務する労働者（正社員）の労働条件と比べて不合理であり，公序良俗違反であること，又は改正前労契法20条に違反することを理由として，主位的請求として，①当該不合理な労働条件に関し，正社員と同一の権利を有することの地位確認の請求，②当該不合理な労働条件に基づく取扱いにつき，当該労働契約に基づく差額賃金請求，予備的請求として，③当該不合理な労働条件に基づく取扱いにつき，不法行為に基づく損害賠償請求，をした事案である。

⑵　第一審（差戻審）判決（大津地裁彦根支部平27．９．16判決　労判1135号59頁）の結論

上記請求①につき，請求を棄却し，上記請求②につき，請求を棄却，上記③につき，通勤手当が低額である点において労契法20条に違反するとして，請求を認容した（一部認容）。

⑶　控訴審（差戻審）判決（大阪高裁平28．７．26判決　労判1143号５頁）の結論

上記請求①につき，第一審（差戻審）の結論を維持（控訴棄却）し，上記請求②につき，第一審（差戻審）の結論を維持し（控訴棄却），上記請求③につき，第一審（差戻審）において認められた通勤手当が低額であるとの点に加え，無事故手当及び作業手当が支給されていない点においても，労契法20条に違反するとして，請求を認容した（一部認容）。

⑷　最高裁判決（最高裁平30．６．１判決　労判1179号20頁）の結論

上記請求①につき，控訴審（差戻審）の結論を維持し，上記請求②につき，控訴審（差戻審）の結論を維持し，上記請求③につき，通勤手当が低額である点並びに無事故手当及び作業手当の不支給の点に加え，皆勤手当及び給食手当の不支給の点においても，労契法20条に違反するとして，これらの点につき控訴審（差戻審）判決を破棄し，差し戻した。

２．改正前労契法第20条の解釈及び適用に関する事項

以下では，最高裁判決に沿って述べる。

(1)　労契法第20条の趣旨について

①　判　示

「労働契約法20条は，有期労働契約を締結している労働者（以下「有期契約労働者」という）の労働条件が，期間の定めがあることにより同一の使用者と無期労働契約を締結している労働者の労働条件と相違する場合においては，当該労働条件の相違は，労働者の業務の内容及び当該業務に伴う責任の程度（以下「職務の内容」という），当該職務の内容及び配置の変更の範囲その他の事情を考慮して，不合理と認められるものであってはならない旨を定めている。同条は，有期契約労働者については，無期労働契約を締結している労働者（以下「無期契約労働者」という）と比較して合理的な労働条件の決定が行われにくく，両者の労働条件の格差が問題となっていたこと等を踏まえ，有期契約労働者の公正な処遇を図るため，その労働条件につき，期間の定めがあることにより不合理なものとすることを禁止したものである。」

「そして，同条は，有期契約労働者と無期契約労働者との間で労働条件に相違があり得ることを前提に，職務の内容，当該職務の内容及び配置の変更の範囲その他の事情（以下「職務の内容等」という）を考慮して，その相違が不合理と認められるものであってはならないとするものであり，職務の内容等の違いに応じた均衡のとれた処遇を求める規定であると解される。」（下線は，筆者が挿入）

②　解　説

ア　労契法20条の施行前における有期契約労働者と無期契約労働者の労働条件の相違（賃金格差）に関しては，下級審裁判例において，公序良俗違反か否かの観点から争われてきたところ，その判断の前提として，いわゆる均等処遇の理念に基づく同一（価値）労働同一賃金の原則の法規範性の有無が問題とされた（丸子警報器事件（長野地裁上田支部平8．3．15判決　労判690号32頁），日本郵便逓送事件（大阪地裁平14．5．22判決　労判830号22頁））。その結果，従前，下級審裁判例においては，同一（価値）労働同一賃金の原則の法規範性は否定されているものの，丸子警報器事件においては，「同一（価値）労働同一賃金の原則の基礎にある均等待遇の理念は，賃金格差の違法性判断において，一つの重要な判断要素として考慮されるべきものであって，その理念に反する賃金格差は，使用者に許された裁量の範囲を逸脱したものとして，公序良俗違反の違法を招来する場合がある」とされた。

イ　このような流れの中で，改正前労契法20条施行後の有期契約労働者と無期契約労働者の労働条件の相違における同法違反の有無の検討に際し，同法が，均等処遇の理念としての同一（価値）労働同一賃金の原則の考え方を含んだものかどうかについても，近時，これを否定する下級審裁判例が出されていた（メトロコマース事件（東京地裁平29．3．23判決　労判1154号５頁），日本郵便（東京）事件（東京地裁平29．9．14判決　労判1164号５頁））。

ウ　ハマキョウレックス事件最高裁判決は，上記のとおり，有期契約労働者と無期契約労働者との間で労働条件に相違があることが直ちに労契法20条に反するものではなく，当該相違が職務の内容等を考慮して不合理と認められる場合に，同条に違反することを示した。

⑵　「期間の定めがあることにより」の解釈

① 判　示

「労働契約法20条は，有期契約労働者と無期契約労働者の労働条件が期間の定めがあることにより相違していることを前提としているから，両者の労働条件が相違しているというだけで同条を適用することはできない。一方，期間の定めがあることと労働条件が相違していることとの関連性の程度は，労働条件の相違が不合理と認められるものに当たるか否かの判断に当たって考慮すれば足りるものということができる。」

「そうすると，同条にいう「期間の定めがあることにより」とは，有期契約労働者と無期契約労働者との労働条件の相違が期間の定めの有無に関連して生じたものであることをいうものと解するのが相当である。」（下線は，判決中に記載あり）

「これを本件についてみると，本件諸手当に係る労働条件の相違は，契約社員と正社員とでそれぞれ異なる就業規則が適用されることにより生じているものであることに鑑みれば，当該相違は期間の定めの有無に関連して生じたものであるということができる。したがって，契約社員と正社員の本件諸手当に係る労働条件は，同条にいう期間の定めがあることにより相違している場合に当たるということができる。」

② 解　説

ア　ハマキョウレックス事件最高裁判決は，前記の有期契約労働者と無期契約労働者の労働条件の相違が不合理なものであってはならないとの労契法20条の趣旨から，同条は「期間の定めの有無に関連して生じた」労働条件の相違を対象とするものであると判示している。

判示のうち，上記の「一方，期間の定めがあることと労働条件が相違していることとの関連性の程度は，労働条件の相違が不合理と認められるものに当たるか否かの判断に当たって考慮すれば足りるものということができる。」との部分は，有期契約労働者と無期契約労働者の労働条件の相違が期間の定めがあることに「関連する」場合でも，その「関連性の程度」には濃淡があり得ることを前提としつつ，その濃淡については，不合理性の判断に際し，「その他の事情」等の考慮要素として考慮すれば足りるため，関連性の有無については，択一的に判断してよいとの趣旨であると思われる。

イ　最高裁は，上記理解の下，本事案への当てはめとして，有期契約労働者と無期契約労働者との諸手当の有無（又は金額の多寡）という相違は，期間の定めの有無により，適用される就業規則を異にすることに起因するものであることから，「期間の定めの有無に関連して生じた」といえると判示した。

(3)「不合理と認められるものであってはならない」の解釈

① 判　示

「次に，労働契約法20条は，有期契約労働者と無期契約労働者との労働条件の相違が，職務の内容等を考慮して不合理と認められるものであってはならないとしているところ，所論は，同条にいう「不合理と認められるもの」とは合理的でないものと同義であると解すべき旨をいう。しかしながら，同条が「不合理と認められるものであってはならない」と規定していることに照らせば，同条は飽くまでも労働条件の相違が不合理と評価されるか否かを問題とするものと解することが文理に沿うものといえる。」

「また，同条は，職務の内容等が異なる場合であっても，その違いを考慮して両者の労働条件が均衡のとれたものであることを求める規定であるところ，両者の労働条件が均衡のとれたものであるか否かの判断に当たっては，労使間の交渉や使用者の経営判断を尊重すべき面があることも否定し難い。」

「したがって，同条にいう「不合理と認められるもの」とは，有期契約労働者と無期契約労働者との労働条件の相違が不合理であると評価することができるものであることをいうと解するのが相当である。」（下線は，判決中に記載あり）

② 解　説

ア　上記最高裁の判示にもあるとおり，改正前労契法20条に定める「不合理と認められるもの」の解釈について，被上告人（原告）は，合理的でないものと同義であると主張したのに対し，最高裁は，同条の文言に即して，不合理であるとはいえないという意味であり，かつ，不合理であるといえないか否かは，評価を伴うものであることから，上記のとおり「不合理であると評価することができるもの」である旨，明示した。

イ　被上告人（原告）の主張と最高裁の考え方とは，以下の図表に示したとおり，概念上，有期契約労働者と無期契約労働者との間に労働条件の相違があった場合，「合理的な相違（＝合理的であると評価することができる相違）」と「不合理な相違（不合理であると評価することができる相違）」との中間に「合理的とも不合理ともいえない相違（＝合理的とまでは評価できないが不合理とまでも評価できない相違）」を想定できるところ，当該「合理的とも不合理ともいえない相違」が労契法20条に違反するか否かに関し，合理的でないものと理解する立場では，合理的であると評価できない以上，同条違反になるのに対し，最高裁の考え方に立てば，不合理であるとまでは評価できない以上，同条には違反しないこととなる点にあると考えられる。

【図表】労契法20条違反となる場合

「不合理と認められるもの」の解釈	労働条件の相違の不合理性の評価		
	不合理と評価することができる（不合理である）	不合理とも合理的ともいえない	合理的と評価することができる（合理的である）
「**不合理である**と評価することができる」との立場（**最高裁**）	不合理性あり（20条違反）	不合理性なし	不合理性なし
「**合理的でない**と評価することができる」との立場	不合理性あり（20条違反）	不合理性あり（20条違反）	不合理性なし

⑷ 「不合理と認められるものであってはならない」の主張立証責任

① 判　示

「そして，両者の労働条件の相違が不合理であるか否かの判断は規範的評価を伴うものであるから，当該相違が不合理であるとの評価を基礎付ける事実については当該相違が同条に違反することを主張する者が，当該相違が不合理であるとの評価を妨げる事実については当該相違が同条に違反することを争う者が，それぞれ主張立証責任を負うものと解される。」

② 解　説

ア　最高裁は，前記「不合理と認められるもの」の解釈を前提として，訴訟当事者の主張立証責任に関し，労働条件の相違が不合理であり，労契法20条に違反すると主張する被上告人（原告）が当該不合理との評価を基礎付ける事実（評価根拠事実）を主張立証し，不合理でないと主張する上告人（被告）が当該不合理との評価を妨げる事実（評価障害事実）を主張立証すべきである旨判示した。

イ　なお，具体的な各賃金項目に関する最高裁の判断の内容は，本章末尾の図表のとおりである。

ハマキョウレックス事件最高裁判決においては，後記の長澤運輸事件最高裁判決（最高裁平30．6．1判決　労判1179号34頁）が「有期契約労働者と無期契約労働者との個々の賃金項目に係る労働条件の相違が不合理と認められるものであるか否かを判断するに当たっては，両者の賃金の総額を比較することのみによるのではなく，当該賃金項目の趣旨を個別に考慮すべき」と示したような「労働条件の相違」の判断方法についての一般論は示していないものの，具体的な不合理性の判断に際しては，長澤運輸事件最高裁判決と同様，賃金項目ごとに，その支給の趣旨を含め，個別に考慮要素の「その他の事情」を検討する手法を採っている。

このような最高裁の検討手法は，パートタイム・有期雇用労働法８条において，「待遇のそれぞれについて」不合理な相違を設けてはならないとし，その判断に際し，「当該待遇の性質及び当該待遇を行う目的」に照らして適切な考慮要素を用いるべきと定められていることと整合するものであり，今後の同法の解釈に当たっても，踏襲されるものと思われる。

⑸　私法上の効力の有無について

①　判　示

「労働契約法20条が有期契約労働者と無期契約労働者との労働条件の相違は「不合理と認められるものであってはならない」と規定していることや，その趣旨が有期契約労働者の公正な処遇を図ることにあること等に照らせば，同条の規定は私法上の効力を有するものと解するのが相当であり，有期労働契約のうち同条に違反する労働条件の相違を設ける部分は無効となるものと解される。」

②　解　説

従前の下級審裁判例においても，改正前労契法20条は，私法上の効力を有し，この結果，同法違反の有期契約労働者と無期契約労働者との労働条件の相違部分は，違法であり無効となるとの考え方が示されてきたところ（メトロコマース事件（東京地裁平29．３．23判決　労判1154号５頁），日本郵便（東京）事件（東京地裁平29. 9. 14判決　労判1164号5頁)), ハマキョウレックス事件最高裁判決もこの考え方を是認した。

(6) 補充的効力の有無について

① 判　示

「もっとも, 同条は, 有期契約労働者について無期契約労働者との職務の内容等の違いに応じた均衡のとれた処遇を求める規定であり, 文言上も, 両者の労働条件の相違が同条に違反する場合に, 当該有期契約労働者の労働条件が比較の対象である無期契約労働者の労働条件と同一のものとなる旨を定めていない。」

「そうすると, 有期契約労働者と無期契約労働者との労働条件の相違が同条に違反する場合であっても, 同条の効力により当該有期契約労働者の労働条件が比較の対象である無期契約労働者の労働条件と同一のものとなるものではないと解するのが相当である。(下線は, 判決中に記載あり)

② 解　説

前記のとおり, 最高裁は, 労契法20条に違反する労働条件は無効であると判示したが, 均衡処遇の理念を定めた規定であるという同条の趣旨と,「不合理と認められるものであってはならない」という同条の文言に照らせば, 同条の効果として, 無効となった有期契約労働者の労働条件が, 比較の対象である無期契約労働者の労働条件と同一のものとなるわけではないとして, 補充的効力を否定した。

なお, この労契法20条の補充的効力の有無については, 従前の下級審裁判例においても, 否定されていたものであり (日本郵便 (東京) 事件 (東京地裁平29. 9. 14判決　労判1164号5頁)), ハマキョウレックス事件最高裁判決により同様の考えが示される結果となった。

⑺ 無効とされた労働条件の就業規則の解釈による認定について

① 判 示

「また，上告人においては，正社員に適用される就業規則である本件正社員就業規則及び本件正社員給与規程と，契約社員に適用される就業規則である本件契約社員就業規則とが，別個独立のものとして作成されていること等にも鑑みれば，両者の労働条件の相違が同条に違反する場合に，本件正社員就業規則又は本件正社員給与規程の定めが契約社員である被上告人に適用されることとなると解することは，就業規則の合理的な解釈としても困難である。」（下線は，筆者が挿入）

② 解 説

ア 前記のとおり，最高裁は，改正前労契法20条の補充的効力を否定したが，これを前提として，本事案への当てはめとして，有期契約労働者の就業規則が無期契約労働者のそれと別個独立のものであること等を理由として，同法違反の労働条件部分についての無期契約労働者の就業規則の適用を否定した。

この点は，最高裁が「就業規則の合理的な解釈として（も）困難」（括弧内は，筆者が挿入）と述べているとおり，本事例における就業規則の解釈と適用という，個別の事例判断であり，就業規則の解釈の結果，改正前労契法20条違反の労働条件に関し，比較の対象である無期契約労働者の労働条件が適用されることになる可能性を一律に否定するものではない。

イ なお，長澤運輸事件の第一審判決（東京地裁平成28年５月13日判決 労判1135号11頁）においては，「被告の正社員就業規則３条は，「この規則は，会社に在籍する全従業員に適用する。ただし，次に掲げる者については，規則の一部を適用しないことがある」とし，規則の一部を適用しないことがある者として「嘱託者」を定めており，これを受けて「嘱託社員就業規則」を制定する…このとおり，被告の正社員就業規則が原則として全従業員に適用されるものとされており，嘱託者についてはその一部を適用しないことがあるというにとどまることからすれば，嘱託社員の労働条件のうち賃金の定めに関する部分が無効である場合には，正社員就業規則の規定が原則として全従業員に適用される旨の同規則３条本文の定めに従い，嘱託社員の労働条件のうち無効である賃金の定めに関する部分については，これに対応する正社員就業規則その他の規定が適用されることになるものと解するのが相当である。」として，就業規則の解釈の結果，有期契約労働者に対する無期契約労働者の就業規則の適用を肯定している。

ただし，長澤運輸事件の控訴審判決（東京高裁平28. 11. 2判決　労判1144号16頁）では，そもそも労契法20条違反がないとされたため，この点についての判断はなされていない。

加えて，長澤運輸事件最高裁判決においては，精勤手当の不支給の点が同法20条違反と認定されたものの，後記のとおり「このような就業規則等の定めにも鑑みれば，嘱託乗務員である上告人らが精勤手当の支給を受けることのできる労働契約上の地位にあるものと解することは，就業規則の合理的な解釈としても困難である。」と判示されている。

Ⅲ　長澤運輸事件

１．事　案

(1)　運送会社である被告と無期労働契約を締結し，トラック運転手として勤務し，定年退職した後，被告と有期労働契約を締結し，更新して，引き続きトラック運転手として勤務している原告らが，当該労働契約に定める労働条件が，同様にトラックの運転手として勤務する被告と無期労働契約を締結している労働者（正社員）の労働条件と比べて不合理であり，労契法20条に違反することを理由として，主位的請求として，①当該不合理な労働条件に関し，正社員と同一の権利を有することの地位確認の請求，②当該不合理な労働条件に基づく取扱いにつき，当該労働契約に基づく差額賃金請求，予備的請求として，③当該不合理な労働条件に基づく取扱いにつき，不法行為に基づく損害賠償請求，をした事案である。

⑵　第一審判決（東京地裁平28．5．13判決　労判1135号11頁）の結論

上記請求①につき，請求を認容し，上記請求②につき，請求を認容した（全部認容）。

⑶　控訴審判決（東京高裁平28．11．2判決　労判1144号16頁）の結論

上記請求①につき，第一審の判決を取り消し，請求を棄却し，上記請求②につき，第一審の判決を取り消し，請求を棄却し，上記請求③につき，請求を棄却した。

⑷　最高裁判決（最高裁平30．6．1判決　労判1179号34頁）の結論

上記請求①につき，控訴審の結論を維持し，上記請求②につき，控訴審の結論を維持し，上記請求③につき，精勤手当が支給されていない点及び超勤手当の計算において精勤手当分が含まれていない点が労契法20条に違反するとして，この点につき控訴審判決を破棄し，前者の点につき請求を認容し（一部認容），後者の点につき，差し戻した。

2．改正前労契法第20条の解釈及び適用に関する論点

以下では，最高裁判決に沿って述べる。

⑴　改正前労契法第20条の趣旨について

①　判　示

「労働契約法20条は，有期労働契約を締結している労働者（以下「有期契約労働者」という。）の労働条件が，期間の定めがあることにより同一の使用者と無期労働契約を締結している労働者（以下「無期契約労働者」という。）の労働条件と相違する場合においては，当該労働条件の相違は，労働者の業務の内容及び当該業務に伴う責任の程度（以下「職務の内容」という。），当該職務の内容及び配置の変更の範囲その他の事情を考慮して，不合理と認められるものであってはならない旨を定めている。」

「同条は，有期契約労働者と無期契約労働者との労働条件に相違があり得ることを前提に，職務の内容，当該職務の内容及び配置の変更の範囲その他の事情（以下「職務の内容等」という。）を考慮して，その相違が不合理と認めら

れるものであってはならないとするものであり，職務の内容等の違いに応じた均衡のとれた処遇を求める規定であると解される（最高裁平成28年（受）第2099号，第2100号同30年６月１日第二小法廷判決参照）。」（下線は，筆者が挿入）

②　解　説

改正前労契法20条の趣旨について，長澤運輸事件最高裁判決は，上記のとおりハマキョウレックス事件最高裁判決を参照判例として掲げた上，同判決と同一の立場を示している。

⑵　「期間の定めがあることにより」の解釈

①　判　示

「労働契約法20条にいう「期間の定めがあることにより」とは，有期契約労働者と無期契約労働者との労働条件の相違が期間の定めの有無に関連して生じたものであることをいうものと解するのが相当である（前掲最高裁第二小法廷判決参照）。」（下線は，筆者が挿入）

「被上告人の嘱託乗務員と正社員との本件各賃金項目に係る労働条件の相違は，嘱託乗務員の賃金に関する労働条件が，正社員に適用される賃金規定等ではなく，嘱託社員規則に基づく嘱託社員労働契約によって定められることにより生じているものであるから，当該相違は期間の定めの有無に関連して生じたものであるということができる。したがって，嘱託乗務員と正社員の本件各賃金項目に係る労働条件は，同条にいう期間の定めがあることにより相違している場合に当たる。」

②　解　説

ア　「期間の定めがあることにより」の解釈について，長澤運輸事件最高裁判決は，上記のとおりハマキョウレックス事件最高裁判決を参照判例として掲げた上，同判決と同一の立場を示している。

イ　その上で，最高裁は，上記理解の下，本事案への当てはめとして，有期契約労働者と無期契約労働者の諸手当の有無の相違は，有期契約労働者と無期契約労働者とでは適用される社員規則を異にすることに起因するものであることから，「期間の定めの有無に関連して生じた」といえると判示した。

(3) 「その他の事情」の解釈（「その他の事情」として考慮される事項）

① 判　示

「しかしながら，労働者の賃金に関する労働条件は，労働者の職務内容及び変更範囲により一義的に定まるものではなく，使用者は，雇用及び人事に関する経営判断の観点から，労働者の職務内容及び変更範囲にとどまらない様々な事情を考慮して，労働者の賃金に関する労働条件を検討するものということができる。」（下線は，筆者が挿入）

「また，労働者の賃金に関する労働条件の在り方については，基本的には，団体交渉等による労使自治に委ねられるべき部分が大きいということもできる。」「そして，労働契約法20条は，有期契約労働者と無期契約労働者との労働条件の相違が不合理と認められるものであるか否かを判断する際に考慮する事情として，「その他の事情」を挙げているところ，その内容を職務内容及び変更範囲に関連する事情に限定すべき理由は見当たらない。」（下線は，筆者が挿入）

「したがって，有期契約労働者と無期契約労働者との労働条件の相違が不合理と認められるものであるか否かを判断する際に考慮されることとなる事情は，労働者の職務内容及び変更範囲並びにこれらに関連する事情に限定されるものではないというべきである。」

「なお，ある賃金項目の有無及び内容が，他の賃金項目の有無及び内容を踏まえて決定される場合もあり得るところ，そのような事情も，有期契約労働者と無期契約労働者との個々の賃金項目に係る労働条件の相違が不合理と認められるものであるか否かを判断するに当たり考慮されることになるものと解される。」（下線は，筆者が挿入）

「定年制は，使用者が，その雇用する労働者の長期雇用や年功的処遇を前提としながら，人事の刷新等により組織運営の適正化を図るとともに，賃金コストを一定限度に抑制するための制度ということができるところ，定年制の下における無期契約労働者の賃金体系は，当該労働者を定年退職するまで長期間雇用することを前提に定められたものであることが少なくないと解される。これに対し，使用者が定年退職者を有期労働契約により再雇用する場合，当該者を長期間雇用することは通常予定されていない。また，定年退職後に再雇用される有期契約労働者は，定年退職するまでの間，無期契約労働者として賃金の支給を受けてきた者であり，一定の要件を満たせば老齢厚生年金の支給を受けることも予定されている。そして，このような事情は，定年退職後に再雇用される有期契約労働者の賃金体系の在り方を検討するに当たって，その基礎になるものであるということができる。」

「そうすると，有期契約労働者が定年退職後に再雇用された者であることは，当該有期契約労働者と無期契約労働者との労働条件の相違が不合理と認められるものであるか否かの判断において，労働契約法20条にいう「その他の事情」として考慮されることとなる事情に当たると解するのが相当である。」（下線は，判決中に記載あり）

② 解　説

ア　長澤運輸事件において，上告人ら（原告ら）は，労契法20条の定める考慮要素の「その他の事情」は，同じく同法において考慮要素とされている「職務の内容」又は「当該職務の内容及び配置の変更の範囲」と同様又は類似の事情に限ると主張していたが，最高裁は，上記のとおり，「労働者の賃金に関する労働条件」は使用者の「経営判断」事項であると共に「団体交渉等による労使自治」により決定されるものであることも指摘した上，そのように限定する理由はない旨判示した。

イ　なお，改正前労契法20条が定める「職務の内容」（以下本章において「考慮要素①」という），「当該職務の内容及び配置の変更の範囲」（以下本章において「考慮要素②」という），「その他の事情」（以下本章において「考慮要素③」という）の３つの考慮要素の関係について，近時の下級審裁判例（日本郵便（佐賀）事件の控訴審判決（福岡高裁平30．５．24判決　労経速2352号３頁））において，原告による「立法経緯からみても文言解釈からしても，賃金が労務提供の対価であるという賃金の性質論に照らしても㋐（「職務の内容」）及び㋑（「当該職務の内容及び配置の変更の範囲」）の要素が重視される必要がある。」（括弧内は，筆者が挿入）との主張に対し，「規定の構造や文言等からみて，労働条件の相違が不合理であるか否かについては，㋐（「職務の内容」）ないし㋒（「その他の事情」）を総合的に考慮して判断すべきである。」（括弧内は，筆者が挿入）と判示されている。

この点については，長澤運輸事件でも争点となり，第一審判決（東京地裁平28．5．13判決　労判1135号11頁）では「同条が考慮要素として上記①（考慮要素①の「職務の内容」）及び②（考慮要素②の「当該職務の内容及び配置の変更の範囲」）を明示していることに照らせば，同条がこれらを特に重要な考慮要素と位置づけていることもまた明らかである。」（括弧内は，筆者が挿入）等として，「有期契約者の職務の内容（上記①）並びに当該職務の内容及び配置の変更の範囲（上記②）が無期契約労働者と同一であるにもかかわらず，労働者にとって重要な労働条件である賃金の額について，有期契約労働者と無期契約労働者との間に相違を設けることは，その相違の程度にかかわらず，これを正当と解すべき特段の事情がない限り，不合理であるとの評価を免れない」旨判示した。

しかし，長澤運輸事件の控訴審判決（東京高裁平28．11．2判決　労判1144号16頁）においては，「労働契約法20条は…その他の事情として考慮すべきことについて，上記①（考慮要素①の「職務の内容」）及び②（考慮要素②の「当該職務の内容及び配置の変更の範囲」）を例示するほかに特段の制限を設けていないから，労働条件の相違が不合理であるか否かについては，上記①（考慮要素①の「職務の内容」）及び②（考慮要素②の「当該職務の内容及び配置の変更の範囲」）に関連する諸事情を幅広く総合的に考慮して判断すべき」（括弧内は，筆者が挿入）とされ，第一審の考え方を否定した。

ウ　長澤運輸事件最高裁判決は，上記のとおり「有期契約労働者が定年退職後に再雇用された者であること」が，不合理性の判断要素③である「その他の事情」に該当する旨，明示した。

具体的には，最高裁は，定年制の下の無期契約労働者と比較した定年退職後の再雇用者の特徴として，

㋐　長期間雇用することは通常予定されていない。

㋑　定年退職するまでの間，無期契約労働者として賃金の支給を受けてきた者である。

㋒　一定の要件を満たせば老齢厚生年金の支給を受けることが予定されている。

の３点を指摘している。

エ　なお，長澤運輸事件最高裁判決は，上記のとおり，「定年制は，使用者が，その雇用する労働者の長期雇用や年功的処遇を前提としながら，人事の刷新等により組織運営の適正化を図るとともに，賃金コストを一定限度に抑制するための制度ということができる」として，賃金コストの抑制も定年制の目的の１つであると指摘する反面，控訴審判決（東京高裁平28. 11. ２判決　労判1144号16頁）が示した「控訴人が定年退職者に対する雇用確保措置として選択した継続雇用たる有期労働契約は，社会一般で広く行われている」，「従業員が定年退職後も引き続いて雇用されるに当たり，その賃金が引き下げられるのが通例であることは，公知の事実である」，「定年退職者の雇用確保措置として，継続雇用制度の挿入を選択する…場合に職務内容やその変更の範囲等が同一であるとしても，賃金が下がることは，広く行われていることであり，社会的にも容認されていると考えられる」（下線は，筆者が挿入）との点については，触れていない。

オ　ガイドラインにおいても，長澤運輸事件最高裁判決を受けて，その判示内容と同趣旨の記述が盛り込まれており，最高裁判決の考え方は，パートタイム・有期雇用労働法８条の解釈及び適用に際しても，承継されるものと思われる。

すなわち，ガイドラインにおいては，「第３の１基本給」に関する記述の末尾に「（注）２　定年に達した後に継続雇用された有期雇用労働者の取扱い」として，「有期雇用労働者が定年に達した後に継続雇用された者である

ことは，通常の労働者と当該有期雇用労働者との間の待遇の相違が不合理であるか否かを判断するに当たり，短時間・有期雇用労働法第８条のその他の事情として考慮される事情に当たりうる。」（下線は，筆者が挿入）と明示されており（８頁），さらに「定年に達した後に有期雇用労働者として継続雇用する場合の待遇について，様々な事情が総合的に考慮されて，通常の労働者と当該有期雇用労働者との間の待遇の相違が不合理であるか否かが判断されるものと考えられる。」（８頁）と記載されている。

なお，ガイドラインは，最後に「したがって，当該有期雇用労働者が定年に達した後に継続雇用された者であることのみをもって，直ちに通常の労働者と当該有期雇用労働者との間の待遇の相違が不合理ではないと認められるものではない。」と言及しているが（８頁），この点も，「有期契約労働者が定年退職後に再雇用された者であること」は考慮要素③の「その他の事情」の１つとなるものの，不合理性の判断に際しては，他の考慮要素①ないし③も合わせ考慮されるとする考え方を示すものであり，長澤運輸事件最高裁判決と整合する。

⑷ 「労働条件の相違」の判断方法

① 判 示

「本件においては，被上告人における嘱託乗務員と正社員との本件各賃金項目に係る労働条件の相違が問題となるところ，労働者の賃金が複数の賃金項目から構成されている場合，個々の賃金項目に係る賃金は，通常，賃金項目ごとに，その趣旨を異にするものであるということができる。」（下線は，筆者が挿入）

「そして，有期契約労働者と無期契約労働者との賃金項目に係る労働条件の相違が不合理と認められるものであるか否かを判断するに当たっては，当該賃金項目の趣旨により，その考慮すべき事情や考慮の仕方も異なり得るというべきである」（下線は，筆者が挿入）

「そうすると，有期契約労働者と無期契約労働者との個々の賃金項目に係る労働条件の相違が不合理と認められるものであるか否かを判断するに当たっては，両者の賃金の総額を比較することのみによるのではなく，当該賃金項目の趣旨を個別に考慮すべきものと解するのが相当である。」（下線は，判決中に記載あり）

「なお，ある賃金項目の有無及び内容が，他の賃金項目の有無及び内容を踏まえて決定される場合もあり得るところ，そのような事情も，有期契約労働者と無期契約労働者との個々の賃金項目に係る労働条件の相違が不合理と認められるものであるか否かを判断するに当たり考慮されることになるものと解される。」

② 解　説

ア 「労働条件の相違」の判断方法について，長澤運輸事件の被上告人（被告）は，「各賃金項目は，緊密に関連して全体としての賃金水準を設定するものであるから，不合理性の判断に当たっては，賃金体系全体として判断する必要がある。」と主張したが，最高裁は，上記のとおり「労働条件の相違」の判断に当たっては，「個々の賃金項目の趣旨を個別に考慮すべき」として，賃金項目ごとに不合理と認められるか否かを判断すべきとの立場を示した。

イ ただし，最高裁は，

㋐ 「賃金の総額を比較することのみによるのではなく」（下線は，筆者が挿入）と判示しており，個々の賃金項目の不合理性の判断に際し，「賃金の総額」を考慮することを否定するものではなく，また

㋑ 上記のとおり，「ある賃金項目の有無及び内容が，他の賃金項目の有無及び内容を踏まえて決定される場合…そのような事情も…考慮される」（下線は，筆者が挿入）と判示している。

ウ 具体的な各賃金項目に関する最高裁の判断の内容は，本章末尾の図表のとおりである。

エ ハマキョウレックス事件最高裁判決について述べたとおり（222頁），上記の「労働条件の相違」の判断方法に関し，最高裁が示した一般論及びこれに

基づく各賃金項目の判断内容は，今後のパートタイム・有期雇用労働法８条の解釈実務にも大きな影響を与えるものと思われる。

⑸ 「不合理と認められるものであってはならない」の解釈

① 判　示

「労働契約法20条にいう「不合理と認められるもの」とは，有期契約労働者と無期契約労働者との労働条件の相違が不合理であると評価することができるものであることをいうと解するのが相当である（前掲最高裁第二小法廷判決参照）。」（下線は，筆者が挿入）

② 解　説

「不合理と認められるものであってはならない」の解釈について，長澤運輸事件最高裁判決は，上記のとおりハマキョウレックス事件最高裁判決を参照判例として掲げた上，同判決と同一の立場を示している。

⑹ 補充的効力の有無について

① 判　示

「しかしながら，有期契約労働者と無期契約労働者との労働条件の相違が同条に違反する場合であっても，同条の効力により，当該有期契約労働者の労働条件が比較の対象である無期契約労働者の労働条件と同一のものとなるものではないと解するのが相当である（前掲最高裁第二小法廷判決参照）。」（下線は，筆者が挿入）

② 解　説

改正前労契法20条の補充的効力の有無について，長澤運輸事件最高裁判決は，上記のとおりハマキョウレックス事件最高裁判決を参照判例として掲げた上，同判決と同一の立場を示している。

⑺　無効とされた労働条件の就業規則の解釈による認定について

① 判　示

「また，被上告人は，嘱託乗務員について，従業員規則とは別に嘱託社員規則を定め，嘱託乗務員の賃金に関する労働条件を，従業員規則に基づく賃金規定等ではなく，嘱託社員規則に基づく嘱託社員労働契約によって定めることとしている。そして，嘱託社員労働契約の内容となる本件再雇用者採用条件は，精勤手当について何ら定めておらず，嘱託乗務員に対する精勤手当の支給を予定していない。このような就業規則等の定めにも鑑みれば，嘱託乗務員である上告人らが精勤手当の支給を受けることのできる労働契約上の地位にあるものと解することは，就業規則の合理的な解釈としても困難である。」（下線は，筆者が挿入）

② 解　説

長澤運輸事件最高裁判決は，ハマキョウレックス事件最高裁判決と同様，労契法20条の補充的効力を否定した上で，本事案への当てはめとして，有期契約労働者の就業規則が無期契約労働者のそれと別個独立のものであるため，同法違反の労働条件部分につき，無期契約労働者の就業規則の適用を否定した。

なお，長澤運輸事件の第一審判決（東京地裁平成28年5月13日判決　労判1135号11頁）においては，就業規則の解釈の結果，有期契約労働者に対する無期契約労働者の就業規則の適用が肯定されたことは，前記（238頁以下）のとおりである。

Ⅳ まとめ

1．2つの最高裁の判断

ハマキョウレックス事件最高裁判決及び長澤運輸事件最高裁判決は，前記のとおり，いずれも改正前労契法20条の適用と解釈に関する多くの論点について，初めて最高裁の判断を示したという点で，注目される。

特に，

(1) 同条の労働条件の不合理性の検討に際しては，賃金項目ごとに個別に改正前労契法20条の明示する「職務の内容」（考慮要素①），「職務の内容及び配置の変更の範囲」（考慮要素②），「その他の事情」（考慮要素③）の３つの考慮要素を考慮すべきであり，その際，当該賃金支給の趣旨を考慮すべきとする点は，パートタイム・有期雇用労働法８条の趣旨と整合するものである。

(2) ハマキョウレックス事件，長澤運輸事件とも，トラック運転手である有期契約労働者と正社員であるトラック運転手の労働条件の相違の不合理性が問題となった事案という点で共通し，いずれにおいても考慮要素①の「職務の内容」は同一であると認定されたが，考慮要素②の「職務の内容及び配置の変更の範囲」については，各事案に即した判断の結果，前者では，最高裁は「正社員は，出向を含む全国規模の広域異動の可能性があるほか，等級役職制度が設けられており，職務遂行能力に見合う等級役職への格付けを通じて，将来，上告人の中核を担う人材として登用される可能性があるのに対し，契約社員は，就業場所の変更や出向は予定されておらず，将来，そのような人材として登用されることも予定されていないという違いがある」とし，後者では，最高裁は「業務の都合により配置転換等を命じられることがある点でも違いはない」と判示した。

(3) 加えて，ハマキョウレックス事件最高裁判決においては，この考慮要素②が異なるという点を踏まえた上，各賃金項目の支給の趣旨に照らし，その支給の有無が考慮要素②の相違と関連するものであるか否かとの観点から，皆勤手当，無事故手当，作業手当，給食手当及び通勤手当に関しては，関連しないとして，不合理性を肯定したのに対し，住宅手当については，「正社員については，転居を伴う配転が予定されているため，契約社員と比較して住宅に要する費用が多額となり得る。」として，不合理性を否定した。

なお，長澤運輸事件においても，住宅手当の有無が争点の1つとされたところ，長澤運輸事件最高裁判決は，上記のとおり，ハマキョウレックス事件最高裁判決と異なり，考慮要素②については，同一であると判断しているが，「正社員には，嘱託乗務員と異なり，幅広い世代の労働者が存在し得るところ，そのような正社員について住宅費及び家族を扶養するための生活費を補助することには相応の理由があるということができる。他方において，嘱託乗務員は，正社員として勤続した後に定年退職した者であり，老齢厚生年金の支給を受けることが予定され，その報酬比例部分の支給が開始されるまでは被上告人から調整給を支給されることとなっている」との理由で，結論としては，ハマキョウレックス事件最高裁判決と同様，住宅手当の有無につき，不合理性を否定した（本章末尾の図表参照）。

(4)　長澤運輸事件最高裁判決においては，定年後の再雇用者の労働条件の相違の不合理性の検討に際し，「有期契約労働者が定年退職後に再雇用された者であること」を改正前労契法20条に定める考慮要素③の「その他の事由」に該当するとの判断を示した点も，今後のパートタイム・有期雇用労働法8条の解釈実務に大きな影響を与えるものと思われる。ガイドラインにおいても，長澤運輸事件最高裁判決を受けて，その判示内容と同趣旨の記述が盛り込まれていることは，前記（245頁以下）のとおりである。

長澤運輸事件最高裁判決においては，具体的に，上記の住宅手当の有無の点以外にも，家族手当及び賞与の有無の点の検討に際しても，「定年退職後の再雇用者」という点を（少なくとも1つの）理由としてその不合理性を否定した（本章末尾の図表参照）。

なお，最高裁は，賞与の不合理性の判断に際しては，「定年退職後の再雇用者」ということに関連して，「嘱託乗務員の賃金（年収）は定年退職前の

79%程度となることが想定される」ことも指摘した上，「正社員に対する賞与が基本給の5カ月分とされているとの事情を踏まえても」不合理性は認められないと判示した（本章末尾の図表参照）。

【図表】 2つの最高裁判決における不合理性の判断

賃金項目	不合理性	各賃金項目の支給の趣旨，目的，性質	評価根拠事実	評価障害事実
基本給（と基本賃金）歩合給（と職能給）（長澤運輸事件判決）	なし	• 基本給及び基本賃金は，労務の成果である乗務員の稼働額にかかわらず，従業員に対して固定的に支給される賃金 • 能率給及び歩合給は，労務の成果に対する賃金		• 上告人らの基本賃金の額は，いずれも定年退職時における基本給の額を上回っている。 • 嘱託乗務員の歩合給に係る係数は，正社員の能率給に係る係数の約2倍から約3倍に設定＋本件組合との団体交渉を経て，嘱託乗務員の基本賃金を増額し，歩合給に係る係数の一部を嘱託乗務員に有利に変更 • 嘱託乗務員について，正社員と異なる賃金体系を採用するに当たり，職種に応じて額が定められる職務給を支給しない代わりに，基本賃金の額を定年退職時の基本給の水準以上とすることによって収入の安定に配慮するとともに，歩合給に係る係数を能率給よりも高く設定することによって労務の成果が賃金に反映されやすくなるように工夫しているということができる。 →嘱託乗務員の基本賃金及び歩合給が，正社員の基本給，能率給及び職務給に対応するものであることを考慮する必要あり →前者の金額は後者の金額より少ないが，その差は上告人X1につき約10%，上告人X2につき約12%，上告人X3につき約2%にとどまっている。
住宅手当の有無（ハマキョウレックス事件判決）	なし	従業員の住宅に要する費用を補助する趣旨で支給		• 正社員については，転居を伴う配転が予定されているため，契約社員と比較して住宅に要する費用が多額となり得る。

賃金項目	不合理性	各賃金項目の支給の趣旨，目的，性質	評価根拠事実	評価障害事実
住宅手当，家族手当の有無（長澤運輸事件判決）	なし	• 従業員の住宅費の負担に対する補助 • 従業員の家族を扶養するための生活費に対する補助 →労務を金銭的に評価して支給されるものではなく，従業員に対する福利厚生及び生活保障の趣旨		• 正社員には，嘱託乗務員と異なり，幅広い世代の労働者が存在し得るので，正社員について住宅費及び家族を扶養するための生活費を補助することには相応の理由あり • 嘱託乗務員は「定年退職した者」＋調整給を支給
皆勤手当の有無（ハマキョウレックス事件判決）	あり	運送業務を円滑に進めるには実際に出勤するトラック運転手を一定数確保する必要があることから，皆勤を奨励する趣旨で支給	• 出勤する者を確保することの必要性については，職務の内容による差異なし • 上記の必要性は，当該労働者が将来転勤や出向をする可能性や，上告人の中核を担う人材として登用される可能性の有無といった事情とは関係なし • 契約社員については，業績と勤務成績を考慮して昇給することがあると定められているが，昇給しないことが原則＋皆勤の事実を考慮して昇給が行われた事情なし	

賃金項目	不合理性	各賃金項目の支給の趣旨，目的，性質	評価根拠事実	評価障害事実
精勤手当の有無（長澤運輸事件判決）	あり	従業員に対して休日以外は1日も欠かさずに出勤することを奨励する趣旨で支給	• 嘱託乗務員と正社員との職務の内容が同一である以上，皆勤を奨励する必要性に相違なし • 精勤手当は，従業員の皆勤という事実に基づいて支給されるものであるから，歩合給及び能率給に係る係数が異なることをもって，嘱託乗務員に精勤手当を支給しないことが不合理でないということはできない。	• 嘱託乗務員の歩合給に係る係数が正社員の能率給に係る係数よりも有利に設定されていることには，被上告人が嘱託乗務員に対して労務の成果である稼働額を増やすことを奨励する趣旨が含まれているとみることもできる。
無事故手当の有無（ハマキョウレックス事件判決）	あり	優良ドライバーの育成や安全な輸送による顧客の信頼の獲得を目的として支給	• 安全運転及び事故防止の必要性については，職務の内容による差異なし • 上記の必要性は，当該労働者が将来転勤や出向をする可能性や，上告人の中核を担う人材として登用される可能性の有無とは関係なし	• 不合理であるとの評価を妨げるその他の事情なし
作業手当の有無（ハマキョウレックス事件判決）	あり	特定の作業を行った対価として支給 →作業そのものを金銭的に評価して支給される性質の賃金	• 職務の内容及び配置の変更の範囲が異なることによって，行った作業に対する金銭的評価が異なることなし	• 不合理であるとの評価を妨げるその他の事情なし
給食手当の有無（ハマキョウレックス事件判決）	あり	従業員の食事に係る補助として支給 →勤務時間中に食事をとることを要する労働者に対して支給することがその趣旨にかなう	• 勤務形態の違いなし • 職務の内容及び配置の変更の範囲が異なることは，勤務時間中に食事をとることの必要性やその程度とは関係なし	• 不合理であるとの評価を妨げるその他の事情なし

賃金項目	不合理性	各賃金項目の支給の趣旨，目的，性質	評価根拠事実	評価障害事実
通勤手当（の多寡）（ハマキョウレックス事件判決）	あり	通勤に要する交通費を補填する趣旨で支給	• 職務の内容及び配置の変更の範囲が異なることは，通勤に要する費用の多寡とは直接関連なし	• 不合理であるとの評価を妨げるその他の事情なし
役付手当の有無（長澤運輸事件判決）	なし	正社員の中から指定された役付者であることに対して支給		• 年功給，勤続給的性格なし
（精勤手当を計算の基礎に含めない）時間外手当（と超勤手当）（長澤運輸事件判決）	あり	いずれも従業員の時間外労働等に対して労基法所定の割増賃金を支払う趣旨で支給	• 精勤手当を支給しないことは，不合理 • 正社員の超勤手当の計算の基礎に精勤手当が含まれるにもかかわらず，嘱託乗務員の時間外手当の計算の基礎には精勤手当が含まれないという労働条件の相違は，不合理	
賞与（長澤運輸事件判決）	なし	月例賃金とは別に支給される一時金であり，労務の対価の後払い，功労報償，生活費の補助，労働者の意欲向上等といった多様な趣旨を含み得る。	• 正社員に対する賞与が基本給の５カ月分とされている。	• 定年退職後の再雇用＋調整給を支給 • 賃金（年収）は定年退職前の79%程度 • 嘱託乗務員の賃金体系は，嘱託乗務員の収入の安定に配慮しながら，労務の成果が賃金に反映されやすくなるように工夫した内容

第6章

その後の改正前労契法第20条に関連する5つの最高裁判決
(大阪医科薬科大学(旧大阪医科大学)事件最高裁判決，メトロコマース事件最高裁判決，日本郵便事件最高裁判決(東京，大阪，佐賀))

I　はじめに

第5章で詳述したとおり，平成30年6月1日，ハマキョウレックス事件と長澤運輸事件において，労働契約に定める労働条件が改正前労契法第20条に違反するか否か初めて最高裁判所の判断が示されたが，その後，令和2年10月13日，大阪医科薬科大学（旧大阪医科大学）事件とメトロコマース事件において，同年10月15日，日本郵便事件（東京，大阪，佐賀）において，同様に改正前労契法第20条に関する最高裁判所の判断が示された。

そこで，以下，各事件における最高裁の判示内容を紹介する。

なお，改正前労契法第20条は，「同一の使用者」と契約している有期契約労働者と無期契約労働者の「労働条件」に，「期間の定めがあることによ」る相違がある場合，当該相違は「不合理と認められるものであってはならない。」と定めているところ，当該不合理性の有無は，

①「労働者の業務の内容及び当該業務に伴う責任の程度」＝「職務の内容」（以下本章において「考慮要素①」という），

② 「職務の内容及び配置の変更の範囲」（以下本章において「考慮要素②」という），

③ 「その他の事情」（以下本章において「考慮要素③」という）

を考慮して判断されるものである（第５章（236頁）参照）。

Ⅱ 大阪医科薬科大学（旧大阪医科大学）事件最高裁判決（最高裁令和２年10月13日判決　労判1229号77頁）

1．事　案

本事案は，大学の教室事務を担当する有期労働契約者であるアルバイト職員と同じく大学の教室事務を担当する無期労働契約者である正職員との間の①「賞与」の支給の有無及び②「私傷病による欠勤中の賃金」の支給の有無という相違が不合理と認められるか否か，という点につき，最高裁が①及び②のいずれについても，不合理性を否定したものである。

2．判示内容①（賞与について）

⑴　考慮要素①について

最高裁は，「両者の業務の内容は共通する部分はあるものの，第１審原告の業務は…相当に軽易であることがうかがわれるのに対し，教室事務員である正職員は，これに加えて，学内の英文学術誌の編集事務等…にも従事する必要があったのであり，両者の職務の内容に一定の相違があった…」（下線は筆者が挿入）と判示した（以下，本章Ⅱにおいて「判示事項１－Ａ」という）。

⑵　考慮要素②について

最高裁は，「また，教室事務員である正職員については，正職員就業規則上人事異動を命ぜられる可能性があったのに対し，アルバイト職員については，原則として業務命令によって配置転換されることはなく，人事異動は例外的かつ個別的な事情により行われていたものであり，両者の職務の内容及び配置の変更の範囲…に一定の相違があった…」（下線は筆者が挿入）と判示した（以下，本章Ⅱにおいて「判示事項１－Ｂ」という）。

⑶　考慮要素③について

① 最高裁は，「当該使用者における賞与の性質やこれを支給することとされた目的を踏まえて同条所定の諸事情を考慮する…べきものである。」と判示した上で，「…正職員に対する賞与は，…基本給とは別に支給される一時金として，その算定期間における財務状況等を踏まえつつ，その都度，第１審被告により支給の有無や支給基準が決定されるものである。また，上記賞与は，通年で基本給の４．６か月分が一応の支給基準となっており，その支給実績に照らすと，第１審被告の業績に連動するものではなく，算定期間における労務の対価の後払いや一律の功労報償，将来の労働意欲の向上等の趣旨を含むものと認められる。そして，正職員の基本給については，勤務成績を踏まえ勤務年数に応じて昇給するものとされており，勤続年数に伴う職務遂行能力の向上に応じた職能給の性格を有するものといえる上，おおむね，業務の内容の難度や責任の程度が高く，人材の育成や活用を目的とした人事異動が行われていたものである。このような正職員の賃金体系や求められる職務遂行能力及び責任の程度等に照らせば，第１審被告は，正職員としての職務を遂行し得る人材の確保やその定着を図るなどの目的から，正職員に対して賞与を支給することとしたものといえる。」（下線は筆者が挿入）と判示した（以下，本章Ⅱにおいて「判示事項１－Ｃ」という）。

② 最高裁は，「第１審被告は，教室事務員の業務の内容の過半が定型的で簡便な作業等であったため，平成13年頃から，一定の業務等が存在する教室を除いてアルバイト職員に置き換えてきたものである。その結果，第１審原告が勤務していた当時，教室事務職員である正職員は，僅か４名にまで減少することとなり，…このように教室事務員である正職員が他の大多

数の正職員と職務の内容及び変更の範囲を異にするに至ったことについては，教室事務員の業務の内容や第１審被告が行ってきた人員配置の見直し等に起因する事情が存在したものといえる。また，アルバイト職員については，契約職員及び正職員へ段階的に職種を変更するための試験による登用制度が設けられていたものである。これらの事情については，教室事務員である正職員と第１審原告との労働条件の相違が不合理と認められるものであるか否かを判断するに当たり，労働契約法20条所定の「その他の事情」…として考慮するのが相当である。」と判示した（以下，本章Ⅱにおいて「判示事項１－Ｄ」という）。

③　最高裁は，「正職員に対する賞与の支給額がおおむね通年で基本給の４．６か月分であり，そこに労務の対価の後払いや一律の功労報酬の趣旨が含まれることや，正職員に準ずるものとされる契約職員に対して正職員の約80％に相当する賞与が支給されていたこと，アルバイト職員である第１審原告に対する年間の支給額が平成25年４月に新規採用された正職員の基本給及び賞与の合計額と比較して55％程度の水準にとどまることをしんしゃくしても，教室事務員である正職員と第１審原告の間に賞与に係る労働条件の相違があることは，不合理であるとまで評価することができるものとはいえない。」（下線は筆者が挿入）と判示した（以下，本章Ⅱにおいて「判示事項１－Ｅ」という）。

⑷　解　説

①　最高裁の判断の前提となる認定事実（事案の整理，留意点）

ア　第一審原告

教室事務を担当する契約期間を１年以内とする有期労働契約者であるアルバイト職員であり，３回の契約更新を経て３年余り在籍していたが，最後の１年弱は欠勤していた。

イ　比較対象

比較対象の無期労働者は，第一審原告が主張する教室事務を担当する正職員である。

ウ　考慮要素①について

一定の相違がある（判示事項１－Ａ）。

エ　考慮要素②について

一定の相違がある（判示事項１－Ｂ）。

オ　賞与支給の趣旨，目的，性質

賞与支給の趣旨は，算定期間における労務の対価の後払いや一律の功労報償，将来の労働意欲の向上等を含み，支給の目的は，正職員としての職務を遂行し得る人材確保やその定着を図ることにある（判示事項１－Ｃ）。

②　最高裁の判断の分析

最高裁は，上記①の各事実を前提として，上記①ウ，エの考慮要素①，②に加え，考慮要素③として，判示事項１－Ｅを不合理性の評価を基礎づける評価根拠事実であるとしつつも，判示事項１－Ｄを不合理性の評価を妨げる評価障害事実であるとして，不合理性を否定する結論を示したものと解せられる。

③　原審の判断との相違点

本事案の原審である大阪高裁平成31年２月15日判決（労判1199号５頁）は，正職員に支給される賞与は，受給者の年齢や成績，会社の業績に連動せず一律であることから，算定期間に在籍し，就労していたことの対価との性質を有するところ，フルタイムのアルバイト職員に賞与を全く支給しないことは不合理であり，契約職員に対しては正職員の約80％の賞与が支給されていることを考慮して，アルバイト職員である第一審原告につき，正職員の支給基準の60％を下回る部分の相違は不合理であると判示した。

これに対し，最高裁は，上記②のとおり，原審の考慮した事情について評価根拠事実として考慮しつつも（判示事項１－Ｅ），考慮要素①，②に加え，評価障害事実である判示事項１－Ｄも考慮して，反対の結論を導いた。

3．判示内容②（私傷病による欠勤中の賃金について）

(1) 考慮要素③について

① 最高裁は，「第１審被告が，…私傷病により労務を提供することができない状態にある正職員に対し給料（６か月間）及び休職給（休職期間中において標準給与の２割）を支給することとしたのは，正職員が長期にわたり継続して就労し，又は将来にわたって継続して就労することが期待されることに照らし，正職員の生活保障を図るとともに，その雇用を維持し確保するという目的によるものと解され…このような…私傷病による欠勤中の賃金の性質及びこれを支給する目的に照らすと，同賃金は，このような職員の雇用を維持し確保することを前提とした制度である…」（下線は筆者が挿入）と判示した（以下，本章Ⅱにおいて「判示事項１－Ｆ」という）。

② 最高裁は，「アルバイト職員は，契約期間を１年以内とし，更新される場合はあるものの，長期雇用を前提とした勤務を予定しているものとはいい難いことにも照らせば，教室事務員であるアルバイト職員は，上記のように雇用を維持し確保することを前提とする制度の趣旨が直ちに妥当するものとはいえない。」（下線は筆者が挿入）と判示した（以下，本章Ⅱにおいて「判示事項１－Ｇ」という）。

③ 最高裁は，「また，第１審原告は，勤務開始後２年余りで欠勤扱いとなり，欠勤期間を含む在籍期間も３年余りにとどまり，その勤続期間が相当の長期間に及んでいたとはいい難く，第１審原告の有期労働契約が当然に更新され契約期間が継続する状況にあったことをうかがわせる事情も見当たらない。したがって，教室事務員である正職員と第１審原告との間に私傷病による欠勤中の賃金に係る労働条件の相違があることは，不合理であると評価することができるものとはいえない。」（下線は筆者が挿入）と判示した（以下，本章Ⅱにおいて「判示事項１－Ｈ」という）。

⑵ 解　説

①　最高裁の判断の前提となる認定事実（事案の整理，留意点）

ア　第一審原告，比較対象，考慮要素①，②については上記２．⑷①アないしエのとおりである。

イ　私傷病による欠勤中の賃金支給の趣旨，目的，性質

当該賃金の性質と支給の目的は，長期継続就労が期待される正職員の生活保障と雇用維持確保にある（判示事項１－Ｆ）。

②　最高裁の判断の分析

最高裁は，上記①の各事実を前提として，上記①の考慮要素①，②に加え，考慮要素③として，判示事項１－Ｇ，１－Ｈを不合理性の評価を妨げる評価障害事実であると指摘して，不合理性を否定する結論を示したものと解せられる。

③　原審の判断との相違点

本事案の原審である大阪高裁平成31年２月15日判決（労判1199号５頁）は，正職員に支給される私傷病による欠勤中の賃金は，長期継続就労の評価及び将来の期待から，その生活保障を図る趣旨であるところ，フルタイム勤務の契約を更新したアルバイト職員についても，職務に相応した貢献が認められ，生活保障の必要もあることから，欠勤中の賃金を全く支給しないことは不合理であり，契約職員に対しては，契約期間は原則１年であるから，アルバイト職員である第一審原告につき，欠勤中の賃金のうち給料１カ月分及び休職給２カ月分を下回る部分の相違は不合理であると判示した。

これに対し，最高裁は，上記②のとおり，原審の考慮した事情について評価障害事実（判示事項１－Ｇ）を指摘した上，更に第一審原告の個別事情として，判示事項１－Ｈにも言及し，反対の結論を導いた。

４．最高裁による上告受理の決定の際排除された結果，原審の判断が維持された労働条件

ア　原審で不合理であると判断された労働条件（賃金項目等）

夏期特別休暇。

イ　原審で不合理とは言えないと判断された労働条件（賃金項目等）

基本給，年休，年末年始・創立記念日の休日の賃金，附属病院の医療費補助措置。

Ⅲ　メトロコマース最高裁判決（最高裁令和２年10月13日判決　労判1229号90頁）

1．事　案

本事案は，東京メトロの駅構内の売店における販売業務を担当する有期労働契約者である契約社員と同じく東京メトロの駅構内の売店における販売業務を担当する無期労働契約者である正社員との間の「退職金」の支給の有無という相違が不合理と認められるか否か，という点につき，最高裁が不合理性を否定したものである。

2．判示内容（退職金について）

⑴　考慮要素①について

最高裁は，「両者の業務の内容はおおむね共通するものの，正社員は，…売店において休暇や欠勤で不在の販売員に代わって早番や遅番の業務を行う代務業務を担当していたほか，複数の売店を統括し，売上向上のための指導…等を行うエリアマネージャー業務に従事することがあったのに対し，契約社員Ｂは，売店業務に専従していたものであり，両者の職務の内容に一定の相違があった…」（下線は筆者が挿入）と判示した（以下，本章Ⅲにおいて「判示事項２－Ａ」という）。

⑵　考慮要素②について

最高裁は，「また，売店業務に従事する正社員については，業務の必要により配置転換等を命ぜられる現実の可能性があり，正当な理由なく，これを拒否することはできなかったのに対し，契約社員Ｂは，業務の場所の変更を命ぜられることはあっても，業務の内容に変更はなく，配置転換等を命ぜられることはなかったものであり，両者の職務の内容及び配置の変更の範囲…にも一定の相違があった…」（下線は筆者が挿入）と判示した（以下，本章Ⅲにおいて「判示事項２－Ｂ」という）。

(3)　考慮要素③について

①　最高裁は，「…上記退職金は，本給に勤続年数に応じた支給月数を乗じた金額を支給するものとされているところ，その支給対象となる正社員は，…配置転換等を命じられることもあり，また退職金の算定基礎となる本給は，年齢によって定められる部分と職務遂行能力に応じた資格及び号俸により定められる職能給の性質を有する部分から成るものとされていた…このような…支給要件や支給内容等に照らせば，上記退職金は，上記の職務遂行能力や責任の程度等を踏まえた労務の対価の後払いや継続的な勤務等に対する功労報償等の複合的な性質を有するものであり，第１審被告は，正社員としての職務を遂行し得る人材の確保やその定着を図るなどの目的から，様々な部署等で継続的に就労することが期待される正社員に対し退職金を支給することとした…」（下線は筆者が挿入）と判示した（以下，本章Ⅲにおいて「判示事項２－Ｃ」という）。

②　最高裁は，「…売店業務に従事する正社員と…本社の各部署や事業所等に配置され配置転換等を命ぜられることがあった他の多数の正社員とは，職務の内容及び変更の範囲につき相違があったものである。そして…売店業務に従事する正社員は…売店業務に従事する従業員の２割に満たないものとなっていたものであり，上記再編成の経緯やその職務経験等に照らし，賃金水準を変更したり，他の部署に配置転換等をしたりすることが困難な事情があった…また，第１審被告は，契約社員Ａ及び正社員へ段階的に職種を変更するための開かれた試験による登用制度を設け，相当数の契約社

員Bや契約社員Aをそれぞれ契約社員Aや正社員に登用していたものである。これらの事情については，…労働契約法20条所定の「その他の事情」…として考慮するのが相当である。」（下線は筆者が挿入）と判示した（以下，本章Ⅲにおいて「判示事項2－D」という）。

③ 最高裁は，「…正社員に対する退職金が有する複合的な性質やこれを支給する目的を踏まえて，売店業務に従事する正社員と契約社員Bの職務の内容等を考慮すれば，契約社員Bの有期労働契約が原則として更新するものとされ，定年が65歳と定められるなど，必ずしも短期雇用を原則としていたものとはいえず，第1審原告らがいずれも10年前後の勤務期間を有していることをしんしゃくしても，両者の間に退職金の支給の有無に係る労働条件の相違があることは，不合理であるとまで評価することができるものとはいえない。」（下線は筆者が挿入）と判示した（以下，本章Ⅲにおいて「判示事項2－E」という）。

(4) 解　説

① 最高裁の判断の前提となる認定事実（事案の整理，留意点）

ア 第一審原告

東京メトロの駅構内の売店における販売業務を担当する契約期間を1年以内とする有期労働契約者である契約社員（A，Bの2種の類型のうち，契約社員Bに該当する）2名であり，いずれも契約の更新を繰り返し，65歳になるまで10年前後継続勤務していた。

イ 比較対象

比較対象の無期労働者は，第一審原告が主張する東京メトロの駅構内の売店における販売業務を担当する正社員である。

ウ 考慮要素①について

一定の相違がある（判示事項2－A）。

エ 考慮要素②について

一定の相違がある（判示事項2－B）。

オ　退職金支給の趣旨，目的，性質

退職金の算定方法は本給に勤続年数に応じた支給月数を乗じるものであるところ，本給は年齢によって定められる部分と職能給の性質を有する部分があることから，退職金の性質は，労務の対価の後払いや継続的な勤務等に対する功労報償等複合的であり，その支給の目的は，正職員としての職務を遂行し得る人材確保やその定着を図ることにある(判示事項２－Ｃ)。

②　最高裁の判断の分析

最高裁は，上記①の各事実を前提として，上記①ウ，エの考慮要素①，②に加え，考慮要素③として，判示事項２－Ｅを不合理性の評価を基礎づける評価根拠事実であるとしつつも，判示事項２－Ｄを不合理性の評価を妨げる評価障害事実であるとして，不合理性を否定する結論を示したものと解せられる。

③　原審の判断との相違点

本事案の原審である東京高裁平成31年２月20日判決（労判1198号５頁）は，一般論として，長期雇用を前提とする無期労働契約者にのみ福利厚生を手厚くし，有意な人材の確保及び定着を図るなどの目的で退職金制度を設けることは，会社の人事施策上一概に不合理であるとは言えないとしつつも，判示事項２－Ｅと同様の事情等を考慮すれば，功労報償の性格を有する部分に係る退職金として正社員と同一の基準に基づいて算定した額の４分の１に相当する額について，第一審原告らに支給しないことは不合理であると判示した。

これに対し，最高裁は，上記②のとおり，原審の考慮した事情について評価根拠事実として考慮しつつも（判示事項２－Ｆ)，考慮要素①，②に加え，評価障害事実である判示事項２－Ｄも考慮して，反対の結論を導いた。

④　補足意見と反対意見

ア　本最高裁判決には，林景一裁判官と林道晴裁判官の補足意見と，宇賀克也裁判官の反対意見がある

イ　補足意見は，「…退職金制度を持続的に運用していくためには，その原資を長期間にわたって積み立てるなどして用意する必要があるから，退職金制度の在り方は，社会経済情勢や使用者の経営状況の動向等にも左右されるものといえる。そうすると，退職金制度の構築に関し，これら諸般の事情を踏まえて行われる使用者の裁量判断を尊重する余地は，比較的大きい…」と述べ，また「退職金には，継続的な勤務等に対する功労報償の性格を有する部分が存することが一般的であることに照らせば，企業等が，労使交渉を経るなどして，有期契約労働者と無期契約労働者との間における職務の内容等の相違の程度に応じて均衡の取れた処遇を図っていくことは，同条（労働契約法20条）やこれを引き継いだ短時間労働者及び有期雇用労働者の雇用管理の改善等に関する法律８条の趣旨に沿う」（括弧内は筆者が挿入）と述べている。

ウ　反対意見は，「…契約社員Ｂは，…正社員と同様，特段の事情がない限り65歳までの勤務が保障されていたといえる。契約社員Ｂの新規採用者の平均年齢は約47歳であるから，契約社員Ｂは，平均して約18年間にわたって第１審被告に勤務することが保障されていたことになる。他方，第１審被告は，東京メトロから57歳以上の社員を出向者として受け入れ，60歳を超えてから正社員に切り替える取扱いをしているというのであり，このことからすると，むしろ，正社員よりも契約社員Ｂの方が長期間にわたり勤務することもある。第１審被告の正社員に対する退職金は，継続的な勤務等に対する功労報償という性質を含むものであり，このような性質は，契約社員Ｂにも当てはまる…」，「…契約社員Ｂも代務業務を行うことがあり，また…売店業務がいわゆる人事ローテーションの一環として現場の勤務を一定期間行わせるという位置付けのものであったとはいえない。そうすると，売店業務に従事する正社員と契約社員Ｂの職務の内容や変更の範囲に大きな相違はない。」，として正社員と同一の基準に基づいて算定した額の４分の１に相当する額について，第一審原告らに支給しないことは不合理であると判示した「…原審の判断を敢えて破棄するには及ばないものと考える。」と述べている。

3．最高裁による上告受理の決定の際排除された結果，原審の判断が維持された労働条件

ア　原審で不合理であると判断された労働条件（賃金項目等）

住宅手当，褒賞，早出残業手当。

イ　原審で不合理とは言えないと判断された労働条件（賃金項目等）

本給，資格手当，賞与。

Ⅳ　日本郵便（東京）事件最高裁判決（最高裁令和２年10月15日判決　労判1229号58頁）

1．事　案

本事案は，郵便の業務を担当する有期労働契約者である時給制契約社員と同じく郵便の業務を担当する無期労働契約者である正社員との間の①「年末年始勤務手当」の支給の有無及び②有給の「病気休暇」の付与の有無という相違が不合理と認められるか否か，という点につき，最高裁が不合理性を肯定したものである。

2．判示内容①（年末年始勤務手当について）

(1)　考慮要素①，②について

最高裁は，「…郵便の業務を担当する正社員と上記時給制契約社員との間に労働契約法20条所定の職務の内容や当該職務の内容及び配置の変更の範囲その他の事情につき相応の相違がある…」（下線は筆者が挿入）と判示した（後記判示事項３－Ｃの一部であり，以下，本章Ⅳにおいて「判示事項３－Ａ」という）。

(2) 考慮要素③について

① 最高裁は，「…年末年始勤務手当は，郵便の業務を担当する正社員の給与を構成する特殊勤務手当の一つであり，12月29日から翌年１月３日までの間において実際に勤務したときに支給されるものであることからすると，同業務についての最繁忙期であり，多くの労働者が休日として過ごしている上記の期間において，同業務に従事したことに対し，その勤務の特殊性から基本給に加えて支給される対価としての性質を有する…また，年末年始勤務手当は，正社員が従事した業務の内容や難度等に関わらず，所定の期間に実際に勤務したこと自体を支給要件とするものであり，その支給金額も，実際に勤務した時期と時間に応じて一律である。」（下線は筆者が挿入）と判示した（以下，本章Ⅳにおいて「判示事項３－Ｂ」という）。

② 最高裁は，「…年末年始勤務手当の性質や支給要件及び支給金額に照らせば，これを支給することとした趣旨は，郵便の業務を担当する時給制契約社員にも妥当するものである。そうすると，…郵便の業務を担当する正社員と上記時給制契約社員との間に労働契約法20条所定の職務の内容や当該職務の内容及び配置の変更の範囲その他の事情につき相応の相違があること等を考慮しても，…郵便の業務を担当する正社員に対して年末年始勤務手当を支給する一方で，同業務を担当する時給制契約社員に対してこれを支給しないという労働条件の相違は，労働契約法20条にいう不合理と認められるものに当たる…」（下線は筆者が挿入）と判示した（以下，本章Ⅳにおいて「判示事項３－Ｃ」という）。

(3) 解　説

① 最高裁の判断の前提となる認定事実（事案の整理，留意点）

ア　第一審原告

郵便の業務を担当する契約期間を６カ月以内とする有期労働契約者である時給制契約社員３名であり，いずれも契約の更新を繰り返し，継続勤務している。

イ　比較対象

比較対象の無期労働者は，第一審原告が主張する郵便の業務を担当する正社員（旧一般職，地域基幹職及び新一般職）である。

ウ　考慮要素①について

郵便の業務を担当する正社員のうち，旧一般職及び地域基幹職は郵便外務事務，郵便内務事務等に幅広く従事し，新一般職はこれらの事務等の標準的な業務に従事する。また正社員の人事評価の対象には，部下の育成指導状況，組織全体に対する貢献等も含まれる（原審の確定した事実関係）。

これに対し，郵便の業務を担当する時給制契約社員は，郵便外務事務又は郵便内務事務のうち，特定の業務にのみ従事し，これらについて幅広く従事することは想定されていない。また時給制契約社員の人事評価においては，組織全体に対する貢献は対象に含まれない（原審の確定した事実関係）。

したがって，「相応の相違がある」（判示事項３－Ａ）。

エ　考慮要素②について

郵便の業務を担当する正社員のうち，旧一般職及び地域基幹職は，昇任や昇格により役割や職責が大きく変動することが想定されているが，新一般職は，昇任や昇格はない。また旧一般職及び地域基幹職には配転が予定されているが，新一般職は転居を伴わない範囲における人事異動の可能性があるにとどまる（原審の確定した事実関係）。

これに対し，郵便の業務を担当する時給制契約社員は，職場や職務内容を限定して採用されており，郵便局を移る場合には，個別の同意に基づき，従前の雇用契約を終了させ，新たな雇用契約を締結し直している（原審の確定した事実関係）。

したがって，「相応の相違がある」（判示事項３－Ａ）。

オ　年末年始勤務手当支給の趣旨，目的，性質

年末年始勤務手当の性質は，多くの労働者休日として過ごしている最繁忙期に業務に従事したことについての対価であり，従事した業務の内容や

難度に関わらず，実際に勤務した時期と時間に応じて一律に正社員に支給される特殊勤務手当である（判示事項３－Ｃ）。

② **最高裁の判断の分析**

最高裁は，上記①の各事実を前提として，上記①ウ，エの考慮要素①，②に加え，考慮要素③として，判示事項３－Ｂを前提とした判示事項３－Ｃを不合理性の評価を基礎づける評価根拠事実であるとして，不合理性を肯定する結論を示したものと解せられる。

③ **その他の留意点**

時給制契約社員に対しては，正社員に登用される制度が設けられている（原審の確定した事実関係）。

３．判示内容②（病気休暇について）

⑴ 考慮要素①，②について

最高裁は，「…上記正社員と上記時給制契約社員との間に労働契約法20条所定の職務の内容や当該職務の内容及び配置の変更の範囲その他の事情につき相応の相違がある…」（下線は筆者が挿入）と判示した（後記判示事項３－Ｆの一部であり，以下，本章Ⅳにおいて「判示事項３－Ｄ」という）。

⑵ 考慮要素③について

① 最高裁は，「…郵便の業務を担当する正社員に対して有給の病気休暇が与えられているのは，上記正社員が長期にわたり継続して勤務することが期待されることから，その生活保障を図り，私傷病の療養に専念させることを通じて，その継続的な雇用を確保するという目的によるものと考えられる。」（下線は筆者が挿入）と判示した（以下，本章Ⅳにおいて「判示事項３－Ｅ」という）。

② 最高裁は，「…継続的な勤務が見込まれる労働者に私傷病による有給の病気休暇を与えるものとすることは，使用者の経営判断として尊重し得るものと解される。もっとも，上記目的に照らせば，郵便の業務を担当する

時給制契約社員についても，相応に継続的な勤務が見込まれるのであれば，私傷病による有給の病気休暇を与えることとした趣旨は妥当するというべきである。そして，第１審被告においては，上記時給制契約社員は，契約期間が６か月以内とされており，第１審原告らのように有期労働契約の更新を繰り返して勤務する者が存するなど，相応に継続的な勤務が見込まれているといえる。そうすると，…上記正社員と上記時給制契約社員との間に労働契約法20条所定の職務の内容や当該職務の内容及び配置の変更の範囲その他の事情につき相応の相違があること等を考慮しても，私傷病による病気休暇の日数に相違を設けることはともかく，これを有給とするか無給とするかにつき労働条件の相違があることは，不合理であると評価することができる…」（下線は筆者が挿入）と判示した（以下，本章Ⅳにおいて「判示事項３－Ｆ」という）。

(3)　解　説

①　最高裁の判断の前提となる認定事実（事案の整理，留意点）

ア　第一審原告，比較対象，考慮要素①，②については上記２．(4)①アないしエ及び判示事項３－Ｄのとおりである。

イ　病気休暇の付与の趣旨，目的，性質

病気休暇の付与の目的は，長期継続就労が期待される正職員の生活保障と私傷病の療養に専念させることを通じた継続的な雇用の確保にある（判示事項３－Ｅ）。

②　最高裁の判断の分析

最高裁は，上記①の各事実を前提として，上記①アの考慮要素①，②に加え，考慮要素③として，判示事項３－Ｅを前提とした判示事項３－Ｆを不合理性の評価を基礎づける評価根拠事実であるとして，不合理性を肯定する結論を示したものと解せられる。

③　その他の留意点

時給制契約社員に対しては，正社員に登用される制度が設けられている

（原審の確定した事実関係）。

4．最高裁による上告受理の決定の際排除された結果，原審の判断が維持された労働条件

ア　原審で不合理であると判断された労働条件（賃金項目等）

　住居手当，夏期冬期休暇。

イ　原審で不合理とは言えないと判断された労働条件（賃金項目等）

　外部業務手当，早出勤務等手当，郵便外務・内務業務精通手当，夜間特別勤務手当，祝日給，夏期年末手当。

5．その他の留意点

上記4.アのとおり，本事案の原審である東京高裁平成30年12月13日判決（労判1198号45頁）は，郵便の業務を担当する正社員に対して夏期冬期休暇を付与し，同業務を担当する時給制契約社員に対してこれを付与しないという労働条件の差異は不合理であると判示したものの，当該差異を理由とする第一審原告らの第一審被告に対する損害賠償請求については，第一審原告が無給の休暇を取得した等の主張立証がなく，損害発生が認められないとして棄却した。

これに対し，最高裁は，「第１審原告らは，夏期冬期休暇を与えられなかったことにより，当該所定の日数につき，本来する必要のなかった勤務をせざるを得なかったものといえるから，上記勤務をしたことによる財産的損害を受けた…当該時給制契約社員が無給の休暇を取得したか否かなどは，上記損害の有無の判断を左右するものではない。」（下線は筆者が挿入）と判示して，損害賠償請求を認めた。

V　日本郵便（大阪）事件最高裁判決（最高裁令和２年10月15日判決　労判1229号67頁）

1．事　案

本事案は，郵便の業務を担当する有期労働契約者である時給制契約社員又は月給制契約社員と同じく郵便の業務を担当する無期労働契約者である正社員との間の①「年末年始勤務手当」の支給の有無，②「年末年始期間の勤務に対する祝日給」の支給の有無及び③「扶養手当」の支給の有無という相違が不合理と認められるか否か，という点につき，最高裁が不合理性を肯定したものである。

2．判示内容①（年末年始勤務手当について）

(1)　考慮要素①，②について

最高裁は，日本郵便（東京）事件最高裁判決における上記Ⅳ２．(1)の判示事項３－Ａと同趣旨の判示をした（後記判示事項４－Ｃの一部であり，以下，本章Ⅱにおいて「判示事項４－Ａ」という）。

(2)　考慮要素③について

①　最高裁は，日本郵便（東京）事件最高裁判決における上記Ⅳ２．(2)①の判示事項３－Ｂと同趣旨の判示をした（以下，本章Ⅴにおいて「判示事項４－Ｂ」という）。

②　最高裁は，日本郵便（東京）事件最高裁判決における上記Ⅳ２．(2)②の判示事項３－Ｃと同趣旨の判示をした（以下，本章Ⅴにおいて「判示事項４－Ｃ」という）。

(3) 解　説

①　最高裁の判断の前提となる認定事実（事案の整理，留意点）

ア　第一審原告

郵便の業務を担当する契約期間を６カ月以内とする有期労働契約者である時給制契約社員３名及び時給制契約社員から契約期間を１年以内とする有期労働契約者である月給制契約社員となった１名であり，いずれも契約の更新を繰り返し，継続勤務している，又はしていた。

イ　比較対象

比較対象の無期労働者は，第一審原告が主張する郵便の業務を担当する正社員（旧一般職，地域基幹職及び新一般職）である。

ウ　考慮要素①について

郵便の業務を担当する正社員のうち，旧一般職及び地域基幹職は郵便外務事務，郵便内務事務等に幅広く従事し，新一般職はこれらの事務等の標準的な業務に従事する。また正社員の人事評価の対象には，部下の育成指導状況，組織全体に対する貢献等も含まれる（原審の確定した事実関係）。

これに対し，郵便の業務を担当する時給制契約社員及び月給制契約社員は，郵便外務事務又は郵便内務事務のうち，特定の業務にのみ従事し，これらについて幅広く従事することは想定されていない。また時給制契約社員及び月給制契約社員の人事評価においては，組織全体に対する貢献は対象に含まれない（原審の確定した事実関係）。

したがって，「相応の相違がある」（判示事項４－A）。

エ　考慮要素②について

郵便の業務を担当する正社員のうち，旧一般職及び地域基幹職は，昇任や昇格により役割や職責が大きく変動することが想定されているが，新一般職は，昇任や昇格はない。また旧一般職及び地域基幹職には配転が予定されているが，新一般職は転居を伴わない範囲における人事異動の可能性があるにとどまる（原審の確定した事実関係）。

これに対し，郵便の業務を担当する時給制契約社員及び月給制契約社員は，職場や職務内容を限定して採用されており，郵便局を移る場合には，個別の同意に基づき，従前の雇用契約を終了させ，新たな雇用契約を締結し直している（原審の確定した事実関係）。

したがって，「相応の相違がある」（判示事項4－A）。

オ　年末年始勤務手当の趣旨，目的，性質

年末年始勤務手当の性質は，多くの労働者が休日として過ごしている最繁忙期に業務に従事したことについての対価であり，従事した業務の内容や難度に関わらず，実際に勤務した時期と時間に応じて一律に正社員に支給される特殊勤務手当である（判示事項4－C）。

②　最高裁の判断の分析

最高裁は，上記①の各事実を前提として，上記①ウ，エの考慮要素①，②に加え，考慮要素③として，判示事項4－Bを前提とした判示事項4－Cを不合理性の評価を基礎づける評価根拠事実であるとして，不合理性を肯定する結論を示したものと解せられる。

③　その他の留意点

時給制契約社員に対しては，正社員に登用される制度が設けられている（原審の確定した事実関係）。

3．判示内容②（年末年始期間の勤務に対する祝日給について）

(1)　考慮要素①，②について

最高裁は，日本郵便（東京）事件最高裁判決における上記Ⅳ2．(1)の判示事項3－Aと同趣旨の判示をした（後記判示事項4－Fの判示事項の一部であり，以下，本章Ⅴにおいて「判示事項4－D」という）。

(2)　考慮要素③について

①　最高裁は，「年始期間については，郵便の業務を担当する正社員に対して特別休暇が与えられており，これは，多くの労働者にとって年始期間が休日とされているという慣行に沿った休暇を設けるという目的によるもの

である…そうすると，年始期間の勤務に対する祝日給は，特別休暇が与えられることとされているにもかかわらず最繁忙期であるために年始期間に勤務したことについて，その代償として，通常の勤務に対する賃金に所定の割増しをしたものを支給することとされたものと解され…」（下線は筆者が挿入）と判示した（以下，本章Ⅱにおいて「判示事項４－Ｅ」という）。

② 最高裁は，「本件契約社員は，契約期間が６か月以内又は１年以内とされており，第１審原告らのように有期労働契約の更新を繰り返して勤務する者も存するなど，繁忙期に限定された短期間の勤務ではなく，業務の繁閑に関わらない勤務が見込まれている。そうすると，最繁忙期における労働力の確保の観点から，本件契約社員に対して上記特別休暇を付与しないこと自体には理由があるということはできるものの，年始期間における勤務の代償として祝日給を支給する趣旨は，本件契約社員にも妥当する…そうすると…郵便の業務を担当する正社員と本件契約社員との間に労働契約法20条所定の職務の内容や当該職務の内容及び配置の変更の範囲その他の事情につき相応の相違があること等を考慮しても，上記祝日給を正社員に支給する一方で本件契約社員にはこれに対応する祝日割増賃金を支給しないという労働条件の相違があることは，不合理であると評価することができる…」（下線は筆者が挿入）と判示した（以下，本章Ⅴにおいて「判示事項４－Ｆ」という）。

(3) 解　説

① 最高裁の判断の前提となる認定事実（事案の整理，留意点）

ア 第一審原告，比較対象，考慮要素①，②については上記２．(4)①アないしエ及び判示事項４－Ｄのとおりである。

イ 年始期間の休日給支給の趣旨，目的，性質

年始期間の祝日給の性質は，年始期間が休日とされる慣行に沿った特別休暇が付与されているにもかかわらず最繁忙期であるために年始期間に勤務したことの対価である（判示事項４－Ｅ）。

②　**最高裁の判断の分析**

最高裁は，上記①の各事実を前提として，上記①ウ，エの考慮要素①，②に加え，考慮要素③として，判示事項４－Ｅを前提とした判示事項４－Ｆを不合理性の評価を基礎づける評価根拠事実であるとして，不合理性を肯定する結論を示したものと解せられる。

③　**その他の留意点**

時給制契約社員に対しては，正社員に登用される制度が設けられている（原審の確定した事実関係）。

４．判示内容③（扶養手当について）

⑴　考慮要素①，②について

最高裁は，日本郵便（東京）事件最高裁判決における上記Ⅳ２．⑴の判示事項３－Ａと同趣旨の判示をした（後記判示事項４－Ｊの判示事項の一部であり，以下，本章Ⅴにおいて「判示事項４－Ｇ」という）。

⑵　考慮要素③について

①　最高裁は，「…郵便の業務を担当する正社員に対して扶養手当が支給されているのは，上記正社員が長期にわたり継続して勤務することが期待されることから，その生活保障や福利厚生を図り，扶養親族のある者の生活設計等を容易にさせることを通じて，その継続的な雇用を確保するという目的によるもの…」（下線は筆者が挿入）と判示した（以下，本章Ⅴにおいて「判示事項４－Ｈ」という）。

②　最高裁は，「継続的な勤務が見込まれる労働者に扶養手当を支給するものとすることは，使用者の経営判断として尊重し得るものと解される。」（下線は筆者が挿入）と判示した（以下，本章Ⅴにおいて「判示事項４－Ｉ」という）。

③　最高裁は，「もっとも，上記目的に照らせば，本件契約社員についても，扶養親族あり，かつ，相応に継続的な勤務が見込まれるのであれば，扶養

手当を支給することとした趣旨は妥当するというべきである。そして，第1審被告においては，本件契約社員は，契約期間が6か月以内又は1年以内とされており，第1審原告らのように有期労働契約の更新を繰り返して勤務する者が存するなど，相応に継続的な勤務が見込まれているといえる。そうすると…上記正社員と本件契約社員との間に労働契約法20条所定の職務の内容や当該職務の内容及び配置の変更の範囲その他の事情につき相応の相違があること等を考慮しても，両者の間に扶養手当に係る労働条件の相違があることは，不合理であると評価することができる…」（下線は筆者が挿入）と判示した（以下，本章Ⅴにおいて「判示事項4－J」という）。

(3) 解 説

① 最高裁の判断の前提となる認定事実（事案の整理，留意点）

ア 第一審原告，比較対象，考慮要素①，②については上記2．(4)①アないしエ及び判示事項4－Gのとおりである。

イ 扶養手当支給の趣旨，目的，性質

扶養手当支給の目的は，扶養親族のある正社員の生活設計等を容易にさせることにより，長期勤務が期待されている正社員の生活保障や福利厚生を図り，その継続的な雇用を確保することである（判示事項4－D）。

② 最高裁の判断の分析

最高裁は，上記①の各事実を前提として，上記①ウ，エの考慮要素①，②に加え，考慮要素③として，判示事項4－Iを不合理性の評価を妨げる評価障害事実であるとしつつも，判示事項4－Hを前提とした判示事項4－Jを不合理性の評価を基礎づける評価根拠事実であるとして，不合理性を肯定する結論を示したものと解せられる。

③ 原審の判断との相違点

本事案の原審である大阪高裁平成31年1月24日判決（労判1197号5頁）は，扶養手当は，長期雇用を前提として基本給を補完するとしての性質及び趣旨であるところ，本件契約社員は原則として短期雇用を前提とすること等から，扶養手当の不支給は不合理とは認められないと判示した。

これに対し，最高裁は，上記②のとおり，扶養手当支給の目的に関し，原審の認定と扶養手当の趣旨及び性質を肯定した上で（判示事項４－Ｈ），評価障害事実である判示事項４－Ｊも考慮して，反対の結論を導いた。

④　その他の留意点

時給制契約社員に対しては，正社員に登用される制度が設けられている（原審の確定した事実関係）。

5．最高裁による上告受理の決定の際排除された結果，原審の判断が維持された労働条件

ア　原審で不合理であると判断された労働条件（賃金項目等）

住居手当，病気休暇。

イ　原審で不合理とは言えないと判断された労働条件（賃金項目等）

外務業務手当，早出勤務等手当，郵便外務業務精通手当，夏期年末手当。

Ⅵ　日本郵便（佐賀）事件最高裁判決（最高裁令和２年10月15日判決　労判1229号５頁）

1．事　案

本事案は，郵便の業務を担当する有期労働契約者である時給制契約社員と同じく郵便の業務を担当する無期労働契約者である正社員との間の「夏期冬期休暇」の付与の有無という相違が不合理と認められるか否か，という点につき，最高裁が不合理性を肯定したものである。

2．判示内容（夏期冬期休暇について）

(1) 考慮要素①，②について

最高裁は，日本郵便（東京）事件最高裁判決における上記Ⅳ２．(1)の判示事項３－Ａと同趣旨の判示をした（後記判示事項５－Ｃの一部であり，以下，本章Ⅴにおいて「判示事項５－Ａ」という）。

(2) 考慮要素③について

① 最高裁は，「郵便の業務を担当する正社員に対して夏期冬期休暇が与えられているのは，年次有給休暇や病気休暇等とは別に，労働から離れる機会を与えることにより，心身の回復を図るという目的によるものであると解され，夏期冬期休暇の取得の可否や取得し得る日数は上記正社員の勤続期間の長さに応じて定まるものとはされていない。」（下線は筆者が挿入）と判示した（以下，本章Ⅴにおいて「判示事項５－Ｂ」という）。

② 最高裁は，「そして郵便の業務を担当する時給制契約社員は，契約期間が６か月以内とされるなど，繁忙期に限定された短期間の勤務ではなく，業務の繁閑に関わらない勤務が見込まれているのであって，夏期冬期休暇を与える趣旨は，上記時給制契約社員にも妥当する…そうすると，…郵便の業務を担当する正社員と同業務を担当する時給制契約社員との間に労働契約法20条所定の職務の内容や当該職務の内容及び配置の変更の範囲その他の事情につき相応の相違があること等を考慮しても，両者の間に夏期冬期休暇に係る労働条件の相違があることは，不合理であると評価することができる…」（下線は筆者が挿入）と判示した（以下，本章Ⅴにおいて「判示事項５－Ｃ」という）。

③ 最高裁は，「郵便の業務を担当する時給制契約社員である被上告人は，夏期冬期休暇を与えられなかったことにより，当該所定の日数につき，本来する必要のなかった勤務をせざるを得なかったものといえるから，上記勤務をしたことによる財産的損害を受けたものということができる。」（下線は筆者が挿入）と判示した（以下，本章Ⅴにおいて「判示事項５－Ｄ」とい

う)。

(3) 解　説

①　最高裁の判断の前提となる認定事実（事案の整理，留意点）

ア　第一審原告

郵便の業務（のうちの郵便外部事務）を担当する契約期間を6カ月以内とする有期労働契約者であった時給制契約社員1名であり，契約の更新を繰り返し，継続勤務していた。

イ　比較対象

比較対象の無期労働者は，第一審原告が主張する郵便の業務を担当する正社員である。

ウ　考慮要素①について

正社員は多様な業務に従事する。また正社員の人事評価の対象には，組織全体に対する貢献も含まれる（原審の確定した事実関係)。

これに対し，時給制契約社員は，郵便局等での一般的業務に従事する。また時給制契約社員の人事評価においては，担当業務の評価がされるのみである（原審の確定した事実関係)。

したがって，「相応の相違がある」（判示事項5－A)。

エ　考慮要素②について

正社員の内の一定割合の者が課長代理，課長等の役職者となる。また正社員は業務上の必要により配置転換や職種転換を命じられることがある（原審の確定した事実関係)。

これに対し，時給制契約社員は，担当業務に継続して従事し，郵便局を異にする人事異動は行われず，昇任や昇格も予定されていない（原審の確定した事実関係)。

したがって，「相応の相違がある」（判示事項5－A)。

オ　夏期冬期休暇の趣旨，目的，性質

夏期冬期休暇付与の目的は，労働から離れる機会を与えることにより，心身の回復を図ることである（判示事項５－Ｂ）。

② **最高裁の判断の分析**

最高裁は，上記①の各事実を前提として，上記①ウ，エの考慮要素①，②に加え，考慮要素③として，判示事項５－Ｂを前提とした判示事項５－Ｃを不合理性の評価を基礎づける評価根拠事実であるとして，不合理性を肯定する結論を示したものと解せられる。

なお，最高裁は，不法行為の成立要件の「損害」につき，判示事項５－Ｄにより財産的損害を肯定した。

３．最高裁による上告受理の決定の際排除された結果，原審の判断が維持された労働条件

ア　原審で不合理であると判断された労働条件（賃金項目等）

該当なし。

イ　原審で不合理とは言えないと判断された労働条件（賃金項目等）

月給制と時給制に伴う基本賃金・通勤費，祝日給，外務業務手当，早出勤務等手当，作業能率評価手当，夏期年末手当。

●著者紹介（下線は編著者）

服部　弘（はっとり　ひろし）

京都大学法学部卒業
弁護士（1984年登録）・東京弁護士会
大原法律事務所（事務所ホームページ http://www.ohhara-law.jp/）

鵜飼　一頼（うかい　かずより）

慶應義塾大学法学部法律学科卒業
弁護士（1990年登録）・東京弁護士会
大原法律事務所

大原　武彦（おおはら　たけひこ）

東京大学法学部卒業
法政大学大学院法務研究科修了
弁護士（2012年登録）・東京弁護士会
大原法律事務所
東京弁護士会労働法制特別委員会

島田　佳子（しまだ　よしこ）

早稲田大学法学部卒業
早稲田大学大学院法学研究科民事法学専攻修了（法学修士）
成蹊大学法科大学院修了
弁護士（2015年登録）・東京弁護士会
神谷法律事務所（事務所ホームページ http://kamiya-law.jp/）

佐藤　純（さとう　じゅん）

慶應義塾大学経済学部卒業
社会保険労務士・東京都社会保険労務士会
佐藤社会保険労務士事務所　代表

小島　史明（こじま　ふみあき）

慶應義塾大学文学部史学科（東洋史専攻）卒業
早稲田大学大学院法学研究科民事法学専攻修了（法学修士）
特定社会保険労務士・東京都社会保険労務士会
社会保険労務士法人アルファ・コンサルティング　代表社員
（事務所ホームページ https://www.alphaco.jp/）

山口　寛志（やまぐち　ひろし）

慶應義塾大学経済学部卒業
筑波大学大学院ビジネス科学研究科企業法学専攻修了（法学修士）
特定社会保険労務士・東京都社会保険労務士会
社会保険労務士山口事務所　代表
（事務所ホームページ http://www.ys-office.co.jp/）

佐野　吉昭（さの　よしあき）

慶應義塾大学法学部政治学科卒業
特定社会保険労務士・神奈川県社会保険労務士会
佐野経営労務オフィス　代表

一丸　綾子（いちまる　あやこ）

慶應義塾大学法学部法律学科卒業
社会保険労務士・東京都社会保険労務士会
社会保険労務士法人総合経営サービス肥後労務管理事務所
（事務所ホームページ http://higoromu.jp/index.html
https://www.tokyo-shogai.com/）

同一労働同一賃金の法律と実務（第3版）
Q＆Aでわかる均等・均衡待遇の具体例

2019年4月1日　第1版第1刷発行
2019年11月10日　第1版第5刷発行
2020年4月15日　第2版第1刷発行
2021年10月15日　第3版第1刷発行

編著者　服部　弘
　　　　佐藤　純
発行者　山本　継
発行所　㈱中央経済社
発売元　㈱中央経済グループパブリッシング

〒101-0051　東京都千代田区神田神保町1-31-2
電　話　03（3293）3371（編集代表）
　　　　03（3293）3381（営業代表）
https://www.chuokeizai.co.jp
印刷／㈱堀内印刷所
製本／㈲井上製本所

ISBN978-4-502-40211-1　C3032